Μαρία Κίτρα

ΚωμOδύσσεια

[μια... κωμική πλευρά της Οδύσσειας]

Κατασκευή Εξωφύλλου: Εκδόσεις Μέθεξις
Επιμ. Έκδοσης: Εκδόσεις Μέθεξις

© Copyright Εκδόσεις Μέθεξις 2014
Κεραμοπούλου 5, Θεσσαλονίκη ΤΚ 546 22
Τηλ. - Fax: 2310-278301
e-mail: info@metheksis.gr
www.metheksis.gr

ISBN: 978-960-6796-46-3

Απαγορεύεται η ολική, μερική ή περιληπτική αναδημοσίευση, αναπαραγωγή ή διασκευή του περιεχομένου του παρόντος βιβλίου με οποιονδήποτε τρόπο χωρίς γραπτή άδεια του εκδότη.

Αριθμός Έκδοσης: 62

Εισαγωγικό Κωμοδύσσειας

ΧΟΡΟΣ *(χωρισμένος σε Δύο ομάδες)*
Ακούσατε, ακούσατε
Και μην πολυμιλάτε
Τα κινητά να κλείσετε
Και μόνο εμάς κοιτάξτε!

Γιατί ήρθ' η ώρα κι η στιγμή
Ν' ανοίξει η αυλαία
Και να χαρούμε όλοι μας
Το μέγα Οδυσσέα!

Τι να χαρούμε δηλαδή
Τον έφαγε το μάτι
Κι είκοσι χρόνια προσπαθεί
Να φτάσει στην Ιθάκη

Μα οι θεοί θυμώσανε
Γιατί ήτανε σπουδαίος
Είχε καρδιά, είχε μυαλό
Μα ήταν και ωραίος!

Τον ρίξανε σε θάλασσες
Τον έστειλαν στην Κίρκη
Τη Σκύλλα σαν αντίκρισε
Τον έλουσε η φρίκη!

Μαρία Κίτρα

Τον Κύκλωπα τον τύφλωσε
Τον άφησε στον τόπο
Κι απ' το νησί της Καλυψώς
Να φύγει βρήκε τρόπο!

Άστε τα λόγια τα πολλά
Δεν κάνει άλλα να πούμε
Τον Οδυσσέα τον τρανό
Όλοι μαζί θα δούμε

Αντίο σας, χαρήκαμε
Μα ήρθε η σειρά σας
Το έργο ν' απολαύσετε
Με όλη την καρδιά σας!

Μέρος Πρώτο

ΚωμΟδύσσεια

Σκηνή 1η :

Ο Όμηρος πιάνεται ... όμηρος

Βγαίνει ο Όμηρος κρατώντας ένα φορητό p.c. στο ένα χέρι και μια μαγκούρα στο άλλο. Έχει μπλου τουθ στ' αυτί του. Προχωρά αργά ενώ απαγγέλλει στίχους από την «Οδύσσεια»...

Όμηρος
Άρχιξε μούσα να μιλείς, να βγάλεις μελωδία, ψάλλε τον άνδρα που 'καψε, την ιερή την Τροία... ωχ Παναγιά μου πάγωσα, η πέτρα είναι κρύα!!!

Λίγο πιο πέρα εμφανίζονται δυο ληστάρχινες με ρόπαλα.

Ληστίνα 1
Λοιπόν λέγε. Θυμάσαι τι μας διέταξε η Αρχιληστίνα να κάνουμε;

Ληστίνα 2
Αν θυμάμαι λέει! Δυο ροπαλιές έφαγα για να το μάθω απέξω!

Ληστίνα 1
Δε μου το λες και μένα, γιατί εγώ έφαγα μια ροπαλιά και θυμάμαι τα μισά;

Ληστίνα 2
Άνοιξε τα κερωμένα σου αφτιά κι άκου. Η μεγάλη αρχιληστίνα πρόσταξε τούτα: «Μανταμίτσες, προσοχή! Στους πρόποδες του Ολύμπου συνήθως κυκλοφορούν πολλοί πλούσιοι που κάνουν τη βόλτα τους, για να μαζέψουν σαλιγκάρια ή να δια-

Μαρία Κίτρα

βάσουν κανένα ρομάντζο. Πιάστε έναν με μεγάλη περιουσία και φέρτε τον μου όμηρο!»

Ληστίνα 1
Πω – πω, ίδια την κάνεις!

Ληστίνα 2
Εμ, τζάμπα τα καρούμπαλα; Να, κοίτα. Ένα, δύο.

Ληστίνα 1
Αμάν! Ω, θεοί του Ολύμπου. Μα τους κεραυνούς του Δία!

Ληστίνα 2
Τι, λέγε! Φαίνονται τόσο πολύ;

Ληστίνα 1
Κοίτα μαρή, κοίτα απέναντι. Ένας πλούσιος.

Ληστίνα 2
Και πού το γιγνώσκεις εσύ, βρε όρνιθα Στυμφαλίδα;

Ληστίνα 1
Μα θέλει και μυαλό; Δεν κάθεται στους πρόποδας του Ολύμπου;

Ληστίνα 2
Κάθεται.

Ληστίνα 1
Έχει σαλιγκάρια γύρω – γύρω;

Ληστίνα 2
Έχει.

Ληστίνα 1
Υπάρχει μια τσάντα Λουί Βιτόν μαϊμού δίπλα του;

Ληστίνα 2
Υπάρχει.

Ληστίνα 1
Ε, τότε αυτόν ψάχνουμε.

ΚωμΟδύσσεια

Ληστίνα 2
Σα να έχεις δίκιο. Πω – πω, ... παραμορφωμένη που είσαι!!!

Ληστίνα 1
Σώπα τώρα, τα παραλές. Πάμε γρήγορα να τον πιάσουμε να μη μας φύγει!

Ληστίνα 2
Σιγά μαρή! Μέχρι το τέλος του έργου εδώ θα είναι! Μα να σε ρωτήσω κάτι. Τι σημαίνει «όμηρος», γιγνώσκεις; Έτσι δεν είπε η αρχιληστίνα: «φέρτέ τον μου όμηρο»;

Ληστίνα 1
Συγνώμη είσαι τελείως ξανθιά; Εννοούσε φέρτέ τον μου πακέτο αλλά στ' αρχαία!

Ληστίνα 2
Μα την τρίαινα του Ποσειδώνος είσαι κι εσύ τέρας εξυπνάδος.

... Οι ληστές πλησιάζουν τον Όμηρο. Εκείνος απαγγέλλει ακόμα ανυποψίαστος...

Ληστίνα 1
Ακίνητος ξένε. Μην κουνηθείς, θα σου κάνω νυχιές!

Όμηρος
Σε μένα μιλάτε;

Ληστίνα 2
Όχι, στο σαλιγκάρι που 'χει κολλήσει στο βράχο! Λέγε, τι κάνεις μονάχος εδώ;

Όμηρος
Γράφω το νέο μου έργο που θα παιχτεί στο Hollywood το καλοκαίρι.

Ληστίνα 1
Μπααα; Και δε μου λες γέροντα! Τι έχεις μέσα στη μαϊμού Λουί Βιτόν;

Όμηρος
Τι έχω; Υγρά μαντιλάκια, κάτι τάπες, ένα σάντουιτς με τόνο, ένα I-pod, ένα I – phone, ένα I-pad, ένα...

Μαρία Κίτρα

Ληστίνες
Άι - τελείωνε!

Όμηρος
Ναι σωστά. Και τα έπη μου! Είναι η περιουσία μου μα και ολόκληρης της Ελλάδας!

Ληστίνα 2
Χμμμ! Πλούσιος, με περιουσία! Και πώς σε λένε;

Όμηρος
Οι φίλοι με φωνάζουν ... Όμηρο!

Ληστίνα 1
Ε, οι φίλοι βρε άνθρωπέ μου, αφού οι άλλοι δεν σε ξέρουν!

Ληστίνα 2
Ο Μ Η Ρ Ο ;;;

Ληστίνα 1
Get up ... όμηρο. Θα σε πάμε στη σπηλιά – μεζονέτα της αρχιληστίνας μας κι αυτή θ' αποφασίσει τι θα σε κάνει!

Όμηρος
Μα... δεν πρόλαβα να σώσω το αρχείο μου!

Ληστίνα 2
Έλα, move it, move it . Κάποιος θα περάσει από δω και θα το σώσει. Μπρος, κουνήσου γέρο-όμηρο!

Όμηρος
Ωιμέ! Είστε τόσο σκληρές!

Καθώς περπατούν προς τη σπηλιά και οι τρεις...

Ληστίνα 1
Να σου πω. Γιατί είπε ότι θέλει να σώσει το αρχείο; Κινδυνεύει;

Ληστίνα 2
Ξέρω γω μωρέ; Έχεις δει κανέναν πλούσιο που να μην είναι γκα-γκα;

ΚωμΟδύσσεια

Ληστίνα 1
Καλά, οι γνώσεις σου δεν έχουν τέλος!

... Σαν φτάνουν έξω από τη σπηλιά της αρχιληστίνας χτυπούν το κουδούνι!

Αρχιληστίνα
Μα τα άλογα του Τριομήδη! Ή μήπως ήταν του Διομήδη; Ποιος τολμά να διακόπτει το μασάζ σιάτσου;

Βγαίνει από τη σπηλιά κρατώντας στο' να χέρι μια κούπα κρασί και στ' άλλο ένα μπούτι κρέας.

Ληστίνα 1
Αρχιληστίνα, έχεις κάτι μπλε στο δόντι σου! Να στο βγάλω;

Αρχιληστίνα
Πας καλά; Έχω μπλου τουθ! Λοιπόν, λέγετε, τι θέλετε; Πρέπει να βάλω καυτές πέτρες στην πλάτη μου

Ληστίνα 1
Αρχιληστίνα, σου 'χουμε καλά μαντάτα

Ληστίνα 2
Σου φέραμε αυτόν που μας ζήτησες. Έναν όμηρο με περιουσία. Το ομολόγησε και μόνος του!

Αρχιληστίνα
Μα τους στάβλους του Φειδία! Ή μήπως ήταν του Αυγεία; Κοίτα, που κάμανε δουλειά οι ληστίνες μου. Δώσε μου το σάκο να δω ιδίοις γκριζοπράσινοις ...

Ληστίνες
Λέμε τώρα...

Αρχιληστίνα
Όμμασι! ... Τι είναι τούτα; Κόλλες Α4; Πού είναι τα φράγκα; Μίλα! Πού είναι τα φράγκα;

Ο Όμηρος κοιτά αλλού γι' αλλού ενώ έχει κλήση στο κινητό του...

Μαρία Κίτρα

Αρχιληστίνα
Α, καλά, τρεις λαλούν και δυο χορεύουν! Του ομιλώ κι αυτός κοιτάζει τη Δύση! Πώς σε λένε γέροντα;

Όμηρος
Το όνομά μου είναι Όμηρος και είμαι ποιητής!

Αρχιληστίνα
Ναι, κι εγώ είμαι η Σεχραζάτ και παίζω σε τούρκικο! Γιατί δεν με κοιτάς όταν μιλώ; Τυφλός είσαι;

Όμηρος
Ψίτ κάτσε καλά! Όχι και τυφλός, απλά ξέρω ... τυφλό σύστημα!

Αρχιληστίνα
Όνειδος, ντροπή! Πώς τολμάς να με κοροϊδεύεις, εμένα μια αρχιληστίνα; Θα τιμωρηθείς πάραυτα! Ληστίνες, πάρτε τον από μπρος μου και ρίξτε τον στα λιοντάρια!

Ληστίνα 1
Μα δεν έχουμε λιοντάρια.. Ένα χάμστερ έχουμε!

Αρχιληστίνα
Βάλ' το στο φούρνο με μανέστρα! Τότε δώστε του μια κούπα κώνειο να πιει.

Ληστίνα 2
Το ήπιε ο Σωκράτης όλο χτες.

Αρχιληστίνα
Α ναι, το ξέχασα! Τέλος πάντων. Κάτι θα βρω να τον σκοτώσω. Ψιτ, κορίτσια, σας έχω μια έκπληξη. Θα πάτε διακοπές για μια βδομάδα με τον κοινωνικό τουρισμό! Όλα πληρωμένα!

Ληστίνα 1
Αλήθεια; Ω, μα είσαι τόσο καλή μαζί μας!

Ληστίνα 2
Πού θα μας στείλεις;

Αρχιληστίνα
Στο "hotel Προκρούστης"! Έχει πολύ ανατομικά κρεβάτια και φουλ πρωινό. Τώρα όμως εξαφανιστείτε όλοι από

ΚωμΟδύσσεια

μπροστά μου, γιατί θα έρθει ο προσωπικός μου γυμναστής για πιλάτες!

Όμηρος
Μια στιγμή, μανδάμ αρχιληστίνα. Η αλήθεια είναι ότι η γενναιότητά σου, η μεγαλοψυχία και η κορμοστασιά σου μου τράβηξαν την προσοχή.

Αρχιληστίνα
Συνέχεια μου το λένε αυτό!

Όμηρος
Μα και βέβαια, και μάλιστα μου θυμίζεις την Πηνελόπη....

Αρχιληστίνα
Δέλτα;

Όμηρος
Όχι, όχι! Την Πηνελόπη, τη σύζυγο του Οδυσσέα, ενός γενναίου, πανέξυπνου, πολυμήχανου και αρρενωπού ήρωα, που πέρασε μεγάλες περιπέτειες και για τον οποίο γράφω το καινούριο μου έπος. Θα 'θελα, λοιπόν, προτού με σκοτώσεις, να σου διηγηθώ την ιστορία του. Σου το ζητώ σα χάρη.

Αρχιληστίνα
Χμμμμ! Εδώ που τα λέμε κάθε μελλοθάνατος έχει μια τελευταία επιθυμία.

Όμηρος
Σ' ευχαριστώ τα μάλα, μεγάλη αρχιληστίνα. Δεν θα το μετανιώσεις. Μονάχα ελπίζω να μη βιάζεσαι, γιατί θα μας πάρει κάμποση ώρα η ιστορία του Οδυσσέα.

Αρχιληστίνα
Κοίτα, θέλω να μπω λίγο facebook, γι' αυτό ξεκίνα παππού.

Ληστίνα 1
Να φτιάξω ποπ-κορν;

Αρχιληστίνα
Γιατί, αγόρασες φωτιά από τον Προμηθέα;

Μαρία Κίτρα

Όμηρος
Ησυχάστε, παιδιά μου, ησυχάστε κι ακούστε με προσοχή! Ο Οδυσσέας ήταν ο βασιλιάς της Ιθάκης. Πήρε μέρος στον πόλεμο εναντίον της Τροίας, όπου πολέμησε γενναία ....

Ληστίνα 1
Δε φτιάχνεις κάνα καφέ γιατί θα μας πάρει ο ύπνος;

Ληστίνα 2
Άσε ρε, χάλασε η μηχανή του εσπρέσσο...

Η φωνή του Ομήρου χαμηλώνει ενώ μπαίνουν όλοι μέσα στη σπηλιά και η μουσική δυναμώνει.

Εμφανίζεται ο χορός αποτελούμενος από την «απαισιοδοξία» και την «αισιοδοξία»

Απαισιοδοξία
«Ω συμφορά που έτυχε, ω συμφορά μεγάλη
επιάσανε τον Όμηρο, ωωω, μας έρχεται μια ζάλη.
Θεοί του Ολύμπου ακούσατε και δείξτε ευσπλαχνία
Προτού σκοτώσουν οι ληστές το γέρο με μανία»

Αισιοδοξία
«Αααα! Κοπέλες με μαύρο φόρεμα, πάψτε και μη φοβάστε,
μην είστε απαισιόδοξες, ελάτε, πλησιάστε.
Ο Όμηρος είναι έξυπνος, ληστές δεν λογαριάζει
Την ιστορία σαν τους πει το σχέδιο θ' αλλάξει»

Απαισιοδοξία
«Θαρρούμε δίκιο έχετε και τα σωστά μιλάτε
Μια κι είστε αισιόδοξες τη γνώμη μας αλλάξτε»

Αισιοδοξία
«Αφήστε τα λόγια τα πολλά και πάμε να κρυφτούμε
τον Οδυσσέα τον τρανό πρέπει μαζί να δούμε»

Απαισιοδοξία + Αισιοδοξία [μαζί]
«Θεοί του Ολύμπου ακούστε μας, το νου σας εδώ κάτω,
ο Οδυσσέας προσπαθεί να μην βρεθεί στον πάτο.
Γλιτώστε τον ταλαίπωρο απ' το κακό το μάτι
Να πάει πίσω στο νησί, στην όμορφη Ιθάκη»!

Σκηνή 2η
Κύκλωπες

Οι σύντροφοι πάνε στην άκρη με το καράβι τους και ταξιδεύουν. Εμφανίζεται ο Κύκλωπας και κάνει μια χορογραφία. Μόλις τελειώνει έρχεται μπροστά και λέει

Πολύφημος
I' ll be back!

... και φεύγει απ' τη σκηνή.

Οδυσσέας
Σύντροφοι, κοιτάξτε. Μια σπηλιά. Ελάτε να δούμε αν υπάρχει τίποτε να φάμε.

Σύντροφος 1
Μα, Οδυσσέα, δεν είναι σωστό. Πώς θα μπούμε έτσι στην ξένη σπηλιά; Δεν έχουμε αγοράσει ένα λικέρ, μια γλάστρα, ένα σοκολατάκι!

Οδυσσέας
Γιατί βρε, συνοικέσιο θα κάνουμε; Όποιος δεν θέλει να πεθάνει της πείνας, ας με ακολουθήσει.

Μπαίνουν στη σπηλιά κι αντικρίζουν τα πάντα σε μεγάλο μέγεθος: πιρούνια, πιάτα, κανάτα, ψωμί... Ένας σύντροφος κρατά με δυσκολία στα χέρια του το ψωμί και λέει...

Σύντροφος 2
Πάει, θα τη χαλάσω τη δίαιτά μου.

Οδυσσέας
Φάτε όσο πιο γρήγορα μπορείτε για να πάρουμε μαζί μας προμήθειες για το ταξίδι.

Κάθονται όλοι κάτω και τρώνε με βουλιμία σηκώνοντας με δυσκολία τα σκεύη γιατί είναι βαριά. Σε λίγο ακούγεται απέξω ο Κύκλωπας που τραγουδάει

Πολύφημος
«Το μαύρο μάτι σου, όταν το βλέπω με ζαλίζει και την καρδιά μου συγκλονίζει...»

Ο Κύκλωπας μπαίνει μέσα κι αρχίζει να μυρίζει...

Πολύφημος
Ααααχχχχ! L' amour... l amour! ... Τι μυρίζει; Πάλι ξέχασα το αρωματικό ανθρώπου αναμμένο!

Ο Οδυσσέας και οι σύντροφοι κρύβονται αλλά φταρνίζονται...

Πολύφημος
Γείτσες... Επππτ. Ποιος είναι εδώ; Ποιος παραβίασε τον προσωπικό μου χώρο; Ααααχχχ!

Οδυσσέας
Γεια σου παίδαρε.

Πολύφημος
Αμάν. Φαγητό που μιλάει. Θα είναι φρέσκο. Πώς σε λένε μεζεδάκι; Ααααχχχχ!

Οδυσσέας
Οι φίλοι με φωνάζουν Κανένα. Εσένα πώς σε λένε;

Πολύφημος
Εμένα η νονά μου με βάφτισε Πολύφημο. Ααααχχχχ!

Σύντροφος 3
Καλά, πόσοι τον σήκωσαν για να μπει στην κολυμπήθρα;

Δίνουν τα χέρια...

ΚωμΟδύσσεια

Οδυσσέας
Nice to meet you Paul! Να βάλεις ... ματάκι για να μην σε πιάνει ... το μάτι!!!

Πολύφημος
Δίκιο έχεις!. Εεεε. Για αφήστε τα αυτά. Δε μου λες, Nobody και λοιποί, τι θέλετε στο νησί μου και κυρίως πώς μπήκατε στη σπηλιά μου; Ααα χχχχ!

Σύντροφος 1
Είδαμε φως και μπήκαμε.

Οδυσσέας
Είμαστε ναυαγοί... Πέσαμε σε καταιγίδα ενώ γυρνούσαμε στην Ιθάκη.

Πολύφημος
Ναυαγοί; Είναι νηστίσιμο; Θέλω να κοινωνήσω την Κυριακή. Κάτσε ν' ανάψω εγώ το φούρνο καλού κακού... Αααα χχχχ!

Οδυσσέας
Ε, μια στιγμή, κούκλε Πολύφημε. Διακρίνω έναν πόνο στην καρδιά... Έχεις κάτι;

Πολύφημος
Αααα αχχχχχ

Σύντροφος 2
Το 'παμε αυτό!

Οδυσσέας
Άφησε με να μαντέψω. Είσαι ερωτευμένος;

Πολύφημος
Άσε, κύριε Κανένα μου. Έχω αλληθωρίσει απ' τον έρωτα.

Σύντροφος 3
Συγνώμη κιόλας που ρωτάω, αλλά πώς αλληθωρίζει κάποιος που έχει ένα μάτι;

Οδυσσέας
Άφησε με φίλε μου να σε βοηθήσω. Έχω εμπειρία σ αυτά! Τόσα χρόνια ναυτικός... αν και πιστός... (οι σύντροφοι ξεροβήχουν). Πώς τη λένε την κοπελιά;

Μαρία Κίτρα

Πολύφημος
Ααααχχχ. Είναι μια Κυκλωπίτσα που τη λένε... Ματούλα! Τι θα κάνω; Δεν έχω μάτι για άλλη.

Σύντροφος 1
Ναι, γιατί έχεις μάτι για σένα!

Οδυσσέας
Άκου. Θα πιούμε παρέα ένα ποτήρι κρασί και θα της γράψουμε ένα γράμμα.

Πολύφημος
Αχ, τι ωραία ιδέα. ... Και τι θα γράψουμε μέσα;

Σύντροφος 2
Συνταγή για κρέπες!

Οδυσσέας
Θα της γράψουμε πως την αγαπάς και πως θέλεις να την παντρευτείς...

Πολύφημος
Φοβερή ιδέα... Ας το γράψουμε... Αλλά μετά θα σας φάω γιατί πεινάω.

Οδυσσέας
Φέρνω στυλό και χαρτί!

Πολύφημος
Φέρνω ρίγανη κι αλάτι!

Οδυσσέας
Ψιτ. Σύντροφοι βάλτε κρασί να τον μεθύσουμε προτού μας φάει αυτός...

Πολύφημος
Λοιπόν κύριε Κανένα, όσο εγώ θα σας ρίχνω ρίγανη κι αλάτι εσύ γράφε.

Οδυσσέας
Πολύ καλή ιδέα. Έλα όμως πρώτα να πιούμε μια κούπα κρασί να χαλαρώσουμε λιγάκι...

ΚωμΟδύσσεια

Ο Οδυσσέας σερβίρει κι ο Πολύφημος πίνει συνέχεια, ο Οδυσσέας κάνει ότι γράφει...κι ο Πολύφημος ενώ πίνει και μεθάει σιγά – σιγά ρίχνει αλάτι και ρίγανη στους συντρόφους. Μετά από λίγο ο Πολύφημος αρχίζει να τραγουδάει μεθυσμένος ... και πέφτει ξερός στο πάτωμα ροχαλίζοντας!

Σύντροφος 1
Φαντάσου! Λιποθύμησε από το φάλτσο της φωνής του!

Οδυσσέας
Ελάτε παλικάρια μου να την κοπανήσουμε στα γρήγορα προτού ξυπνήσει...

Σύντροφος 2
Να πω μια ιδέα;

Οδυσσέας
Λέγε, αλλά γρήγορα.

Σύντροφος 3
Εγώ λέω να πάρουμε ένα κοντάρι, να το ξύσουμε στην άκρη, να το καυτηριάσουμε, να του χώσουμε μία μες στο μάτι και μετά να...

Οδυσσέας
Όπα καλέ σταμάτα. Το "Saw" νούμερο 7 θα γυρίσουμε; Πού τις διάβασες αυτές τις ιδέες ήθελα να ήξερα!

Σύντροφος 3
Στη γνήσια Οδύσσεια!

Οδυσσέας
Α ναι, ε; Εμείς θα την αλλάξουμε. Μπρος σύντροφοι πάμε τώρα που κοιμάται.

Σύντροφος 1
Συγνώμη κιόλας που επεμβαίνω, αλλά άμα σηκωθεί ο Πολύφημος δεν θ αρχίσει τα «τυφλώθηκα και βοήθεια με τύφλωσε ο Κανένας» κτλ κτλ; Μην αλλάξουμε και το σενάριο!

Μαρία Κίτρα

Οδυσσέας
Δίκιο έχεις. Σωστό. Τότε... ελάτε να του σπάσουμε το φακό επαφής που φοράει.

Οι σύντροφοι κι ο Οδυσσέας πλησιάζουν τον Πολύφημο, βγάζουν το φακό, δείχνουν στο κοινό όπου είναι ένας κλασσικός φακός νύχτας, το βάζουν κάτω και το σπάνε! Μετά από λίγο ξυπνάει ο Πολύφημος

Κύκλωπας
Ωιμέ! Μαμά! Τυφλώθηκα. Το ματάκι μου. Έχασα το φακό μου. Εσύ με τύφλωσες, Κανένα;

Οδυσσέας
Ναι, εγώ σε τύφλωσα, ο Κανένας.. Σύντροφε 1, γρήγορα, άνοιξε την πόρτα!

Εξηκίας
Αχ Οδυσσέα, δεν πιάνει ο συναγερμός...

Πολύφημος
Πατέρα Ποσειδώνα, τυφλώθηκα. Με τύφλωσε ο Κανένας.

Ο Πολύφημος σκοντάφτει, κουτουλάει, ανοίγει την πόρτα κατά λάθος και συνεχίσει να φωνάζει...

Οδυσσέας
Τώρα, γενναίοι μου. Ορμάτε να φύγουμε.... Τσσσς! Και που 'σαι, Πολ. Πες στον πατέρα σου, αν το φέρει η κουβέντα βέβαια, πως σε τύφλωσε ο Οδυσσέας, ο βασιλιάς της Ιθάκης.

Σύντροφος 2
Sorry κιόλας που ρωτάω. Αλλά γιατί είπες ποιος είσαι; Θα μας εκδικηθεί ο Ποσειδώνας...

Οδυσσέας
Γιατί είμαι μάγκας. Σωστός;

Σύντροφοι
Σωστόοοοοος!

Κι ενώ οι σύντροφοι με τον Οδυσσέα φεύγουν, ο Πολύφημος χτυπιέται ακόμα. Μπαίνει η Κυκλωπίτσα Ματούλα

Ματούλα
Πολύφημε γιατί φωνάζεις; Μέχρι έξω ακουγόσουν! Σου συμβαίνει κάτι;

Πολύφημος
Αχ Ματούλα εσύ είσαι; Μου έσπασε το φακό ο Οδυσσέας. Αλλά σου έχω γράψει ένα γράμμα. Κάπου εδώ είναι. Θα το διαβάσεις;

Ματούλα
Αχ για μένα; Πού είναι; Πού;

Πολύφημος
Στραβή είσαι; Πάνω στο τραπέζι!

Ματούλα
Αχ να το! ... Για να διαβάσω... «Παίρνουμε 2 κούπες αλεύρι, ένα ποτήρι φρέσκο γάλα και λίγο νερό και αναμειγνύουμε μέχρι να γίνει ένας χυλός. Ρίξτον στα μούτρα σου να κρύψεις τα μαύρα σου τα χάλια» ...

Πολύφημεεεεε, ετοιμάσου να στο βγάλω τελείως το μάτι.... *(ουρλιάζοντας)*

Πολύφημος
Άσε με να σου εξηγήσω. Δεν είναι αυτό που νομίζεις;... Μπαμπάάάά... σώσε με!!!!!!

Η Ματούλα κυνηγάει τον Πολύφημο μέχρι που φεύγουν από τη σκηνή με μουσική. Μπαίνει ο χορός.

ΧΟΡΟΣ 1ος
Ω Πολυμήχανε εσύ που πάντα βρίσκεις τρόπο
Τον τύφλωσες τον Κύκλωπα, τον άφησες στον τόπο!
Γλίτωσες τους συντρόφους σου, μα σου 'ρχεται τυφώνας
Στον στέλνει για εκδίκηση ο μέγας Ποσειδώνας.

Μαρία Κίτρα

ΧΟΡΟΣ 2ος
Κουράγιο κάντε, σύντροφοι, και μην ανησυχείτε
Την Αιολία, το νησί, σε δυο λεπτά θα δείτε.
Ο Αίολος ο βασιλιάς, ανέμους θα φυσήξει
Σ' ασκό δερμάτινο, σφικτά, όλους εκεί θα κλείσει.

Σκηνή 3η

Ο Οδυσσέας κατεβαίνει από το καράβι κι ο Αίολος πηγαίνει πάνω κάτω προσπαθώντας να φουσκώσει ένα μπαλόνι αλλά όλο του φεύγει... Πλησιάζει ο Οδυσσέας

Οδυσσέας
Αίολε;

Αίολος
Οδυσσέα;

Οδυσσέας και Αίολος ανταλλάσσουν χειρονομίες χαιρετισμού μαύρων

Οδυσσέας
Παίζουμε λίγο με το μπαλόνι; Έχω πήξει με το ταξίδι...

Ο Αίολος επιτέλους φουσκώνει το μπαλόνι – ασκό αλλά η φωνή του γίνεται πολύ λεπτή απ' τον αέρα που έχει εισπνεύσει....

Αίολος
Οδυσσέα μου δεν έχουμε χρόνο για παιχνίδια. Αυτό που βλέπεις δεν είναι μπαλόνι, αλλά ένας ασκός. Μέσα σ αυτόν λοιπόν σου έβαλα όλους τους κακούς ανέμους κι άφησα έξω το Ζέφυρο, για να 'χεις ευνοϊκό ταξίδι αλλά νομίζω ότι κάπου εκεί μέσα είναι... και οι αμυγδαλές μου... Μονάχα θυμήσου. Δεν πρέπει σε καμία περίπτωση να ανοίξετε τον ασκό, γιατί τότε θα ελευθερωθούν όλοι οι κακοί άνεμοι... και οι αμυγδαλές μου

Μαρία Κίτρα

Οδυσσέας
Σ' ευχαριστώ, καλέ μου Αίολε. Η βοήθειά σου είναι πολύτιμη. Να σε ρωτήσω κάτι; Τι έπαθε η φωνή σου κι αλλάζει;

Αίολος
Δεν ξέρω. Θα είναι μάλλον επειδή μπαίνω στην εφηβεία!!! Έχε γεια Οδυσσέα

Οδυσσέας
Φιλάκια Αίολε!

Ο Οδυσσέας επιστρέφει στο καράβι και το ταξίδι ξεκινά. Μα σε λίγο νυστάζει και τον πιάνει ύπνος. Οι σύντροφοι παραφυλάνε κι αφήνουν το μπαλόνι να ξεφουσκώσει. Τότε ξεσπούν άνεμοι και καταιγίδες ... γι' άλλη μια φορά!.... Πλακώνονται λίγο μεταξύ τους, μέχρι που ένας σύντροφος τους δείχνει ένα νησί. Κατεβαίνουν χαρούμενοι...

Σκηνή 4η
Η μάγισσα Κίρκη

Οδυσσέας
Ας κατασκηνώσουμε για λίγο σ' αυτό το καταπράσινο νησί.
Πίστη, Ηρακλή, Λύκε, σειρά σας για υπηρεσία!

Π+Η+Λ
Yes master Odyssey!

Οδυσσέας
Μην εξαφανιστείτε κι εσείς σαν τους άλλους.

Π+Η+Λ
Yes master Odyssey!

Οδυσσέας
Βρείτε κατάλυμα, φαγητό και κάνα σούπερ μάρκετ γιατί μου τέλειωσε η χλωρίνη

Π+Η+Λ
Yes master Odyssey!

Οδυσσέας
Α, καλά, θέλουν καινούριες μπαταρίες! Έλα, τρέχουμε τώρα, δεν περπατάμε. ΤΡΕΧΟΥΜΕ!

Οι σύντροφοι με τρεξιματάκι φεύγουν κι ο Οδυσσέας φεύγει από τη σκηνή. Μετά από λίγο φτάνουν στο νησί της Καλυψώς κι ο Πίστης κοιτάζει το σκηνικό και λέει...

Μαρία Κίτρα

Πίστης
Πω-πω, μα τι όμορφο νησί. Σαν ζωγραφιά είναι.

Ηρακλής
Ναι, γιατί κοιτάς το σκηνικό! Γύρνα από δω να μας βλέπει και το κοινό...

Λύκος
Ρε παιδιά δεν βλέπω κανέναν άνθρωπο. Κι αυτά το ροζ εκεί κάτω που κουνιούνται τι είναι;

Πίστης
Ροζ είπες; Κάτσε να δω. Αααα! Η Μπάρμπι χωριατοπούλα, η Μπάρμπι φεριτόπια, η Μπάρμπι Μερμέντια...

Ηρακλής
Κι ο μπάρμπας μου ο Κίτσος. Γουρούνια είναι! Τα φαντάζεστε όμως παϊδάκια;

Λύκος
Τι είπες τώρα!

Πίστης
Ααaχχχ! Μου θύμισες τη χοιρινή τηγανιά που μου' κανε η μανούλα μου στην Ιθάκη.

Π+Η+Λ
Ααaχχχ! Ιθάκη...

Εμφανίζεται η Κίρκη κάνοντας μια χορογραφία ενώ οι σύντροφοι έχουν πάθει πλάκα από την ομορφιά της...

Ηρακλής
Μα την ομορφιά της Αφροδίτης! Τι οπτασία!

Πίστης
Πω πω! Σα νεράιδα είναι!

Λύκος
Κολλημένος με τη Μπάρμπι. Ρε παιδιά πώς είμαι; Δεν έβαλα και αποσμητικό!

Πίστης
Σαν γουρούνι μυρίζεις!

Κίρκη
Γουρούνι είπατε; Άκουσα καλά;

Ηρακλής
Εεε να, τα λέμε οι άντρες μεταξύ μας να περάσει η ώρα!

Κίρκη
Και ποιοι είστε εσείς... άντρες που μυρίζετε όντως σαν γουρούνια;

Πίστης
Λέγομαι Πίστης, όμορφη νεράιδα και μπορώ να κάνω 1000 push-ups... σε μια βδομάδα!

Κίρκη
Ουάου!

Λύκος
Εγώ ονομάζομαι Λύκος πεντάμορφη και μπορώ να σηκώσω 200 κιλά στο ζετέ!

Κάνει πως σηκώνει κιλά και οι σύντροφοι λένε...

Σύντροφοι
Μείνε κάτω απ τη μπάρα, μείνε κάτω απ τη μπάρα!!!

Κίρκη
Ουάου again!

Ηρακλής
Κι εγώ είμαι ο Ηρακλής μανaράκι και ρίχνω δίσκο!

Σύντροφοι
Σιγά μη ρίχνεις και cd!

Κίρκη
Τι λες τώρα! Γουρούνια... με προσωπικότητα!

Πίστης
Μα εσύ, όμορφη κυρά, ποια είσαι;

Μαρία Κίτρα

Κίρκη
Ε όχι και ποια είμαι. Δεν έχετε δει τη φωτό μου στις κονσέρβες αλλαντικών;

Π+Λ+Η
Τσου!

Κίρκη
Τσουκνίδες! Είμαι η μάγισσα Κίρκη και αυτό είναι το νησί μου. Τι θα λέγατε να σας φιλοξενήσω στο παραδοσιακό μου μαντρί; Έχω κι άλλα γουρούνια... συγνώμη... τουρίστες ήθελα να πω.

Ηρακλής
Θα το θέλαμε πολύ αλλά είμαστε σε μια αποστολή

Λύκος
Σιγά βρε Τζέιμς Μποντ! Θα έρθουμε εξάμορφη! Πρέπει να φάμε και κάτι.

Πίστης
Αχ, ναι! Μήπως έχεις και καμιά ποικιλία με κρεατικά να τσιμπήσουμε;

Κίρκη
Αλίμονο! Αν δεν έχω εγώ ποικιλία κρεατικών, ποιος θα έχει; Αχ είστε πολύ χαριτωμένοι. Γούτσου, γούτσου!

Πίστης
Καλέ αυτή μας συμπάθησε.

Ηρακλής
Είναι που είμαστε κι ομορφόπαιδα!

Λύκος
Μόνο που μυρίζουμε λίγο σαν γουρούνια.

Κίρκη
Να κάτι τέτοια λέτε και δεν κρατιέμαι να σας περιποιηθώ! Λοιπόν ελάτε... μπριζολάκια... Εεεε εννοώ ελάτε για μπριζολάκια!

Π+Η+Λ
Είμαστε πολύ τυχεροί!!!

ΚωμΟδύσσεια

Οι σύντροφοι με την Κίρκη φεύγουν. Μετά από λίγο εμφανίζεται ο Οδυσσέας

Οδυσσέας
Μα τα φτερά του Ερμή! Πού εξαφανίστηκαν;

Ερμής
Οδυσσέα ου ου!

Οδυσσέας
Καλώς το γραμματόσημο! Ερμή, τι γυρεύεις εσύ εδώ;

Ερμής
Ήρθα να σε προειδοποιήσω για τους συντρόφους που ψάχνεις.

Οδυσσέας
Γιατί, τι πάθανε;

Ερμής
Άστα, οι σύντροφοί σου είναι γουρούνια!

Οδυσσέας
Δεν έχεις κι άδικο. Πού χρόνος γι αφρόλουτρα αλλά...

Ερμής
Όχι, όχι. Δε με κατάλαβες. Είσαι στο νησί της μάγισσας Κίρκης κι αυτή μεταμόρφωσε τους συντρόφους σου σε γουρούνια. Τους έδωσε να πιουν ένα μαγικό φίλτρο. Το ίδιο θα κάνει και με σένα.

Οδυσσέας
Τι αμαρτίες πληρώνω! Και τι θα κάνω τώρα;

Ερμής
Μην ανησυχείς φίλε μου. Γι' αυτό είμαι εδώ. Με έστειλε η θεά Αθηνά να σε βοηθήσω. Ορίστε. Πιες αυτό το σφηνάκι. Είναι το αντίδοτο. Κι ό,τι και να σου δώσει η μάγισσα Κίρκη δεν θα σε πιάνει.

Οδυσσέας
Μμμμ! Πω πω, μπόμπα!

29

Μαρία Κίτρα

Ερμής
Όχι και μπόμπα! Γνήσιο είναι!

Εκείνη την ώρα μπαίνει ένας από τους συντρόφους μισός γουρούνι μισός άνθρωπος. Μιλάει και φέρεται λίγο γουρουνίσια λίγο ανθρώπινα!

Πίστης
Οδυσσέα, Οδυσσέα, βοήθεια, σώσε μας...

Οδυσσέας
Καλέ αυτός ομόρφυνε! Φύλαξε τα λόγια σου μικρό μπέικον! Τα 'χω μάθει όλα. Μόλις μου τα είπε ο Ερμής!

Ερμής
Γούτσου, γούτσου! Λοιπόν, εγώ να φεύγω boys. Πάω για λίγο red bull

Οδυσσέας
Γιατί;

Ερμής
Το red bull σου δίνει φτεράάάάάά!...

Ο Ερμής φεύγει. Λίγο πιο κάτω εμφανίζεται η Κίρκη με δύο απ τους συντρόφους – γουρούνια ενώ ο Οδυσσέας κρύβει τον Πίστη από πίσω του

Κίρκη
Να, βοσκήστε λίγο δω. Αμάν! Κι άλλος για μαντρί! Αχ γεια σου, ξένε. Μα κάπου σ' έχω ξαναδεί! Ποιος είσαι;

Οδυσσέας
Είμαι ο Οδυσσέας, ο βασιλιάς της Ιθάκης

Κίρκη
Ουάου, ο Οδυσσέας! Πρόσφατα διάβασα για σένα στο ίντερνετ! Το τι γράφανε για σένα και για ...

Οδυσσέας
Συκοφαντίες! Να σου πω miss Piggy! Είδες πουθενά τους συντρόφους μου;

ΚωμΟδύσσεια

Οι σύντροφοι – γουρούνια προσπαθούν να μιλήσουν, αλλά βγάζουν κραυγές. Η Κίρκη τους κρύβει από πίσω της και τους βαράει με κλωτσιές.

Κίρκη
Τους συντρόφους σου; Όχι καλέ. Δεν πέρασε κανείς. Μόνο κάτι ηθοποιοί από το Lost οι αγνοούμενοι που έχουν γύρισμα! Μα να σου βάλω ένα ποτό; Φαίνεσαι σφιγμένος.

Οδυσσέας
Δώσε μου να πιω ένα ποτό

Ο Οδυσσέας πίνει και η Κίρκη τον χτυπά συνέχεια με το ραβδί της, αλλά δεν γίνεται τίποτα.

Κίρκη
Μα καλά, γουρούνι είσαι; Τίποτα δεν καταλαβαίνεις;

Ο Οδυσσέας βγάζει το σπαθάκι του

Οδυσσέας
Μάγισσα Κίρκη, τα ξέρω όλα. Έκανες τα γουρούνια μου συντρόφους... Εννοώ έκανες τους συντρόφους μου γουρούνια. Τα μάγια σου όμως δεν περνάνε σε μένα.

Η Κίρκη πέφτει στα πόδια του

Κίρκη
Ω Οδυσσέα, λυπήσου με. Σε παρακαλώ μη με σκοτώσεις.

Ο Οδυσσέας κοιτά τους θεατές

Οδυσσέας
Γυναίκες! Πάντα υπερβολικές! Ένα νύχι θέλω να ισιώσω! Σήκω πάνω miss Piggy, λερώνεις και το φόρεμά σου! Κάνε τους συντρόφους μου όπως ήταν πριν να τελειώνουμε.

Η Κίρκη σηκώνεται και λέει τα μαγικά λόγια με απροθυμία

Κίρκη
Εντάξει, Οδυσσέα. Οσονούπω οι σύντροφοί σου θα είναι και πάλι όπως πριν. Μπορώ να σου κάνω ένα δωράκι πριν φύγεις;

Μαρία Κίτρα

Οδυσσέας
Αν έχει κάρτα αλλαγής!

Η Κίρκη του δίνει ένα ταπεράκι

Οδυσσέας
Τι είναι αυτό, Κίρκη; Σύντροφος σε τάπερ;

Κίρκη
Όχι, όχι Οδυσσέα. Είναι χοιρινό με σέλινο για το ταξίδι σου.

Οδυσσέας
Σ' ευχαριστώ, μάγισσα αλλά έχουμε παραγγείλει απέξω. Γεια σου τώρα και κοίτα να βάλεις μυαλό...

Κίρκη
Καλά φύγετε εσείς και θα σου πω εγώ...

Οδυσσέας
Ελάτε σύντροφοι πάμε πίσω στο καράβι μας ...Γουρούνια ... ελάτε είπα!

Κίρκη
Άντε γουρουνάκια μου κι έχουμε και δουλειές...

Ο Οδυσσέας φεύγει απ' τη σκηνή κι η Κίρκη κοιτάει μακριά

Κίρκη
Lost! Lost! Αγνοούμενοι! Ου ου! Υπάρχει κανένας ρόλος και για μένα;

Και φεύγει και η Κίρκη από τη σκηνή. Μουσική...

Σκηνή 5η

Σειρήνες

Το καράβι του Οδυσσέα με τους συντρόφους ταξιδεύει. Λίγο πιο πέρα διαφαίνεται ένα νησάκι.

Σύντροφος
Οδυσσέα κοίτα! Ένα νησί!

Οδυσσέας
Πού, πού, πού, πού, πού;

Σύντροφος
Εκεί, εκεί, εκεί, εκεί, εκεί!

Οδυσσέας
Δίκιο έχεις. Μα τους καπνούς της Πυθίας, έχεις πράγματι μάτια γερακιού!

Σύντροφος
Ναι, αλλά έχω και μάτια πρέσβη, δυστυχώς...

Οδυσσέας
Τι εννοείς σύντροφε;

Σύντροφος
Ε, να, δεν μπορώ να διαβάσω από κοντά κι ο Ιπποκράτης είπε πως έχω ... πρεσβυωπία!

Μαρία Κίτρα

Οδυσσέας
Τι μου λες! Κι είναι κακό αυτό;

Σύντροφος
Όχι και τόσο. Αρκεί να μου κρατά κάποιος την εφημερίδα από απέναντι!

Οδυσσέας
Ωχ, όχι! Σύντροφοι την βάψαμε. Ξέρετε πού πλησιάζουμε;

Σύντροφος
Στην Ιθάκη; Η πεθερά μου είναι αυτή εκεί κάτω που μου κάνει νόημα με τον πλάστη;

Οδυσσέας
Α καλά! Στο νησί των Σειρήνων.

Σύντροφος
Ωωωω, αλί και τρεις άλλοι ακόμα! Το θαυμαστό τραγούδι των Σειρήνων

Σύντροφος
Όποιος τις ακούσει τρελαίνεται και θέλει να μείνει για πάντα κοντά τους

Σύντροφος
Και τώρα τι θα κάνουμε; Έχουμε πλησιάσει αρκετά.

Οδυσσέας
Είμαι ή δεν είμαι ο πανούργος Οδυσσέας

ΟΛΟΙ
Είσαι

Οδυσσέας
Βρίσκω πάντα λύσεις ή δε βρίσκω;

ΟΛΟΙ
Βρίσκεις

Οδυσσέας
Με θαυμάζετε όλοι ή όχι;

ΟΛΟΙ
ΟΧΙ!!!

Οδυσσέας
Τι ήθελα να πω; Α, ναι. Ακούστε τι θα κάνουμε. Φέρτε κερί και βάλτε όλοι στα αυτιά σας. Έτσι δεν θα ακούσετε το τραγούδι των Σειρήνων.

Σύντροφος
Κι εσύ Οδυσσέα τι θα κάνεις;

Οδυσσέας
Εμένα θα με δέσετε στο κατάρτι κι όσο και να σας παρακαλάω να με λύσετε δεν θα με ακούτε!

Σύντροφος
Μα καλά, εσύ γιατί δεν βάζεις κερί;

Οδυσσέας
Πρώτον, έχω τόσο κερί στ' αυτιά μου απ' την απλυσιά που δεν μου χρειάζεται άλλο και δεύτερον είμαι πολύ περίεργος να ακούσω αυτό το θεσπέσιο τραγούδι.

Σύντροφος
Ααα, ο άνθρωπος είναι όντως για δέσιμο. Σύντροφοι φέρτε τα κεριά και το σκοινί γρήγορα.

Οι σύντροφοι φέρνουν κεριά και μια πασχαλινή λαμπάδα

Οδυσσέας
Συγνώμη, τι είναι αυτό;

Σύντροφος
Εεε, ξέρεις Οδυσσέα, αυτή τη λαμπάδα μου την έφερε η νονά μου στην Ανάσταση αλλά δεν την άναψα. Πειράζει να τη βάλω στ' αυτιά μου;

Οδυσσέας
Θεοί του Ολύμπου, λυπηθείτε με. Γρήγορα, σύντροφοι βουλώστε τα αυτιά σας. Φτάσαμε...

Μαρία Κίτρα

Οι σύντροφοι βάζουν τα κεριά στ' αυτιά τους και δένουν τον Οδυσσέα στο κατάρτι.. Ακούγονται σειρήνες... ασθενοφόρων κι ο Οδυσσέας ... έχει μερακλώσει... γαρύφαλλα...

Οδυσσέας
Λύστε με, λύστε με, σύντροφοι κουφαθήκατε; Λύστε με σας λέω, έχω μερακλώσει. Αφήστε με να πάω εκεί, να χορέψω, ν' ανοίξω σαμπάνιες.

Οι σύντροφοι φυσικά δεν ακούν τίποτα κι ενώ ο Οδυσσέας χτυπιέται, σιγά – σιγά απομακρύνονται από το Σκόπελο των Σειρήνων. Βγάζουν τα κεριά από τα αυτιά τους και λύνουν τον Οδυσσέα

Σύντροφος
Λοιπόν, λοιπόν, Οδυσσέα, πώς ήταν; Άκουσες το τραγούδι τους;

Οδυσσέας
Τι να σας πω φίλοι μου. Μεγάλο σουξέ. Πολύ κέφι. Μεράκλωσα! Πρέπει οπωσδήποτε να 'ρθούμε κάνα βραδάκι να τις ακούσουμε

Σύντροφος
Ναι, αλλά να κλείσουμε τραπέζι πρώτα.

Οδυσσέας
Εντάξει, το υπόσχομαι. Αρκεί να φτάσουμε κάποτε με το καλό στην πατρίδα μας, την Ιθάκη

ΟΛΟΙ
Αααχ, ΙΘΑΚΗ...

Βγαίνει ο χορός

ΧΟΡΟΣ 1
Η Σκύλλα και η Χάρυβδη ενέδρα σου' χαν στήσει
Κι εσύ ταλαίπωρε ανήρ, σαν τι είχες ζητήσει;
Να φτάσεις στην πατρίδα σου, το γιο σου ν' αντικρίσεις
Και τη γυναίκα σου σφιχτά στα μπράτσα σου να κλείσεις.

ΚωμΟδύσσεια

ΧΟΡΟΣ 2
Μην απελπίζεσαι πολύ, τον έφαγες τον όνο
Μα σου 'χει μείνει η ουρά που κρύβει λίγο πόνο.
Ο Δίας θύμωσε πολύ, τρεις κεραυνούς θα ρίξει
Και τους συντρόφους σου μαζί στη θάλασσα θα πνίξει

(κουνάνε τα πανιά οι κοπέλες μισές από τη μια και μισές από την άλλη, κι οι σύντροφοι πέφτουν στη θάλασσα όλοι)

ΧΟΡΟΣ 1 + ΧΟΡΟΣ 2 *[μαζί]*
Κρατήσου απ' το κατάρτι σου και την καρδιά σου σφίξε
Πίσω να μην κοιτάξεις πια, σφικτά τα μάτια κλείσε.
Μονάχος κι αν απέμεινες δυνάμεις κι αν δεν έχεις
Δε λογαριάζεις πόνο συ, τα πάνδεινα αντέχεις...

Μαρία Κίτρα

Σκηνή 6η

[Στο νησί της Καλυψώς]

Ο Οδυσσέας πηδάει από το καράβι του και τρεκλίζει από την κούραση. Μετά από λίγο σηκώνεται κι αντικρίζει την Καλυψώ που βάφει τα νύχια της.

Οδυσσέας
Τι έγινε ρε παιδιά; Κάνας άντρας δεν παίζει σ αυτό το έργο;...
Συγγνώμη, μήπως ξέρετε τι ώρα είναι;

Εκείνη κοιτάζει το ρολόι της.

Καλυψώ
Ναι! Ώρα να πάρεις ρολόι!

Οδυσσέας
Μάλιστα! Είναι εύκολο να μου πείτε πού βρίσκομαι;

Καλυψώ
Α, τόσο ξανθός! Ακριβώς απέναντί μου!

Οδυσσέας
Μάλιστα! Και πάλι συγγνώμη, αλλά είναι εύκολο να μου πείτε ποια είστε;

Καλυψώ
How dare you; Εσείς ποιος είστε;

Οδυσσέας
Είμαι ο Οδυσσέας, ο βασιλιάς της Ιθάκης.

Καλυψώ
Έλα βρε πουλάκι μου και σε πέρασα για ασφαλιστή! Και πώς βρέθηκες εδώ; Έχουν απεργία οι λιμενικοί;

Οδυσσέας
Α δεν ξέρω, δεν είδα ειδήσεις. Απλά γυρνούσα στην πατρίδα μου με τους συντρόφους μου, αλλά μας βρήκε για άλλη μια φορά φουρτούνα στη θάλασσα κι έτσι βρέθηκα εδώ...

Καλυψώ
Τι λες τώρα; Και πού είναι οι σύντροφοί σου;

Οδυσσέας
Εεεε; Τους κράτησε ένας σκηνοθέτης για μια ταινία

Καλυψώ
Σοβαρά; Για ποια;

Οδυσσέας
Τα σαγόνια του καρχαρία. Κι εγώ απέμεινα μονάχος... κλαψ κλαψ

Καλυψώ
Ελα, καλέ σταμάτα και κλαις κι άσχημα! Αν ήταν θέλημα θεών, δεν μπορούσες να κάνεις τίποτα.

Οδυσσέας
Ναι μόνο που τώρα απέμεινα μονάχος μου, χωρίς συντροφιά, το καλό μου το κουστούμι, τις πιστωτικές μου...

Καλυψώ
Μη σε νοιάζει τίποτα! Να συστηθώ! Είμαι η Καλυψώ, αυτό είναι το νησί μου και μπορείς να μείνεις όσο θέλεις!

Οδυσσέας
Αχ ναι. Να μείνω δυο τρεις μέρες να ξεκουραστώ λιγάκι κι ύστερα θα φύγω.

Καλυψώ
Πολύ καλό. Ξέρω κι ένα με τον Τοτό! ... Πάμε τώρα στο παλάτι μου να τσιμπήσεις κάνα αγριογούρουνο και βλέπουμε!

Οδυσσέας
Πατατούλες θα 'χει;

Καλυψώ
Θα χει!

Οδυσσέας
Ρυζάκι θα 'χει;

Καλυψώ
Θα 'χει!

Οδυσσέας
Σαλατούλα θα 'χει;

Καλυψώ
Θα 'χει!

Οδυσσέας
Πανακότα θα 'χει;

Καλυψώ
Και πανακότα θα 'χει και ... πανακόκορα θα 'χει!!!

Οδυσσέας
Αν και δεν με νοιάζει το φαγητό... θα τσιμπήσω κάτι να μη σε προσβάλλω!!!

Καλυψώ
Τώρα ησύχασα! Άντε πάμε, γιατί θα φάω όλη τη μέρα μου στην κουζίνα!!!

Και φεύγοντας...

Οδυσσέας
Παγωτάκι θα 'χει;

Μαρία Κίτρα

Σκηνή 7η

Το meeting των θεών

Ανοίγει η αυλαία. Τραπέζι συνεδριάσεων και καρέκλες. Η Αθηνά πηγαίνει πάνω – κάτω νευρική. Ο Ερμής κάνει αέρα στην Ήρα και ο Δίας στέλνει μήνυμα απ το κινητό του ενώ μπροστά κρατάει για κάλυψη μια εφημερίδα.

Ήρα
Τι κάνεις εκεί Δία;

Δίας
Τι κάνω; Διαβάζω την εφημερίδα. Οικονομική κρίση, ανεργία, καλλιστεία... Καλλιστεία; Μμμμμ...

Ήρα
Μούξινος! Και Δε μου λες κεραυνέ μου! Γιατί κρατάς ανάποδα την εφημερίδα;

Δίας
Ανάποδα την κρατάω; Εεε, γιατί ... γιατί... ξεκουράζει τα μάτια!

Ήρα
Άμα στα βγάλω τελείως να δεις ξεκούραση! Και με το κινητό τι κάνεις εκεί;

Δίας
Τι κάνω; ... Παίζω φιδάκι...

Ήρα
Έχω εγώ κάτι φιδάκια να σου φέρω να παίξεις...

Αθηνά
Τι θα γίνει τώρα; Θα σταματήσετε; Έχουμε πιο σοβαρά προβλήματα να λύσουμε...

Ερμής
Ωχ! Πάλι εγώ θα την πληρώσω...

Δίας
Τι προβλήματα έχεις κορούλα μου; Δεν στα έχω λύσει όλα; Τι θεός είμαι!

Ήρα
Ναι, καλά! Της κάνεις όλα τα χατίρια και την έχεις κακομάθει!

Ερμής
Ωχ, αρχίσαμε πάλι...

Δίας
Όχι, σαν και σένα. Που μόλις γέννησες ένα άσχημο παιδί το σούταρες απ' τον Όλυμπο στη θάλασσα!

Ήρα
Για ποιον λες μωρέ; Τον Ήφαιστο; Δεν τον σούταρα. Είχα βάψει τα νύχια μου και δεν είχαν στεγνώσει!

Αθηνά
Τελειώσατε; Έχω θέμα λέμε...

Δίας
Τελειώνει ποτέ κανείς με τη μάνα σου; Τέλος πάντων. Πες μου εμένα τι πρόβλημα έχεις να στο λύσω αμέσως....

Αθηνά
Ε, να... Ο Οδυσσέας...

Ερμής
Ωχ καλά, δέσαμε τώρα...

Δίας
Ποιος Οδυσσέας;

Ήρα
Ο Οδυσσέας Ανδρούτσος!

Αθηνά
Αχ καλέ μπαμπά ο Οδυσσέας της Ιθάκης! Να είδες; Τον ξεχάσατε! Τον έχετε τόσα χρόνια στις θάλασσες κι ο καημένος θέλει να γυρίσει στη γυναίκα του!

Δίας
Ρώτα κι εμάς...

Ερμής
Θα γίνει χαμός, το βλέπω εγώ...

Δίας
Βρε κορούλα μου ξέρεις ότι οι θεοί είναι θυμωμένοι μαζί του και ιδίως ο Ποσειδώνας...

Αθηνά
Ξύδι! Ο άνθρωπος είναι στις θάλασσες σχεδόν 20 χρόνια. Πρέπει να γυρίσει στην πατρίδα του. Οι μνηστήρες έχουν θρονιαστεί στο παλάτι του. Άσε που έχει κάτσει πέντε χρόνια στην κοκαλιάρα την Καλυψώ...

Ήρα
Ε όχι και κοκαλιάρα. Τα 'χει τα ψωμάκια της!

Ερμής
Σιγά μην έχει και τα τυράκια της!

Αθηνά
Λοιπόν daddy λέγε. Θα στείλεις κάποιον να πει στην Καλυψώ να τον αφήσει;

Ερμής
Εεεε, εγώ να πηγαίνω... Έχω να κολλήσω κάτι γραμματόσημα...

Δίας
Ερμή έλα εδώ. Πήγαινε στο νησί της Καλυψώς και πες της ν' αφήσει αμέσως τον Οδυσσέα να φύγει...

Μαρία Κίτρα

Ερμής
Ωχ! Όλο εγώ πάω. Δεν μπορεί κάνας άλλος;

Δίας
Ποιος να πάει δηλαδή;

Ερμής
Να πάει η Αφροδίτη

Δίας
Είναι στην επιτροπή για τη Μις Όλυμπος

Ερμής
Να πάει η Δήμητρα

Ήρα
Είναι σε οικολογικό συνέδριο

Ερμής
Να πάει η Εστία

Αθηνά
Κάνει γενική καθαριότητα στο σπίτι

Ερμής
Ο Απόλλωνας;

Δίας
Είναι στη Γιουροβίζιον

Ερμής
Ο Άρης;

Δίας
Παίζει ΠΑΟΚ – ΑΡΗΣ στην Τούμπα

Αθηνά
Ερμή τελείωνε γιατί θα στα μαδήσω τα φτερά...

Ερμής
Καλά... πάω.

Δίας
Ψιττ, έλα εδώ. Πάρε αυτά!

Ερμής
Τι είναι αυτά;

Δίας
Πενήντα ευρώ. Να πάρεις φτερά για τα πόδια

Ερμής
Μίλα καλέ ότι έχω και bonus! Έφυγαααα! Τα πενήντα ευρώ σου δίνουν φτεράαααα!

Αθηνά
Αχ μπαμπάκα μου είσαι θησαυρός!

Ήρα
Να τον βάλουμε σε θυρίδα!

Δίας
Πάμε κορούλα μου να πιούμε κάνα σφηνάκι νέκταρ;

Αθηνά
Αχ ναι μπαμπάκα μου, πάμε. Ήρα θα έρθεις;

Ήρα
Θα έρθω. Να τσεκάρω και τον πατέρα σου

Δίας
Πίσω μου σ' έχω σατανά....

Φεύγουν όλοι σιγά σιγά απ τη σκηνή συνοδεία μουσικής! Μπαίνει ο Οδυσσέας με κοιλιά, μούσια, βαρύς και σέρνοντας τα πόδια του. Κάθεται σε μια πολυθρόνα...

Οδυσσέας
Καλύψω;

Καλυψώ
Ναι πασά μου;

Οδυσσέας
Καφέ!

Καλυψώ
Αμέσως!

Μαρία Κίτρα
Φέρνει τον καφέ... Καθώς φεύγει

Οδυσσέας
Καλύψω;

Καλυψώ
Μάλιστα αφέντη μου;

Οδυσσέας
Φέρε την αθλητική ηχώ!

Καλυψώ
Αμέσως!

Τη φέρνει και καθώς φεύγει...

Οδυσσέας
Καλύψω;

Καλυψώ
Που να σε "καλύψω" με κάνα βράχο!... Ορίστε κολόνα του παλατιού μου!

Οδυσσέας
Τα τσιγάρα μου πού είναι;

Καλυψώ
Το 'κοψες το κάπνισμα. Φοράς τσιρότο στο μπράτσο... που να το 'βαζες στο στόμα!

Οδυσσέας
Α ναι. Πήγαινε τώρα γιατί μου κρύβεις τον ήλιο!!! Τι θα φάμε σήμερα;

Κίρκη
Σουτζουκάκια! Πάω να κόψω δυόσμο για να μην κόψω... φλέβες!

Οδυσσέας
Αααχχχ! Αυτή είναι ζωή!... Σα δημόσιος υπάλληλος!

Η Καλυψώ φεύγει. Φτάνει ο Ερμής την πλησιάζει

ΚωμΟδύσσεια

Ερμής
Γεια σου, πανέμορφη Καλυψώ. Σου φέρνω νέα.

Καλυψώ
Καλώς τον Ερμή. Καλά, πολύ φτερό! Με γεια, με γεια! Τι νέα μου φέρνεις;

Ερμής
Θα σε στεναχωρήσω. Κάνε πέτρα την καρδιά σου κι άκου με. Πρέπει ν αφήσεις ελεύθερο τον Οδυσσέα!

Καλυψώ
Τώρα με σκότωσες! Πότε;

Ερμής
Όσο πιο σύντομα γίνεται. Οι θεοί προστάζουν να γυρίσει στην πατρίδα του. Αλήθεια πού τον έχεις;

Καλυψώ
Να εκεί κάτω είναι. Πίνει καφέ και διαβάζει αθλητικά

Ερμής
Μα τα φτερά της πεταλούδας. Αυτός είναι ο Οδυσσέας; Αυτός έχει καταπιεί τον Οδυσσέα.

Καλυψώ
Ε ναι, Έχει πλούσιο εσωτερικό κόσμο!!! Λοιπόν να μην σε κρατάω άλλο. Πάω να του το πω αμέσως. Γεια σου και φιλιά στον Όλυμπο.

Ερμής
Φεύγω κι εγώ μην κλείσουν τα μαγαζιά... Γεια σου Καλύψω

Καλυψώ
Βρε μ αυτό το καλύψω και καλύψω...

[Η Καλυψώ πλησιάζει τον Οδυσσέα που τον έχει πάρει λίγο ο ύπνος]

Καλυψώ
Οδυσσέα;... Οδυσσέα;...

Μαρία Κίτρα

Παίρνει την εφημερίδα και του τη σκάει στο κεφάλι. Πετάγεται απότομα..

Οδυσσέας
Τι έγινε ρε παιδιά;

Καλυψώ
Τίποτα, μια μύγα ήταν στο κεφάλι σου. Οδυσσέα μου, ήρθε και με βρήκε ο Ερμής.

Οδυσσέας
Σοβαρά; Θα φάει μαζί μας;

Καλυψώ
Όχι. Έφερε διαταγή από το Δία. Να σ' αφήσω, λέει, να φύγεις και να μην σε κρατάω άλλο, λέει, εδώ με το ζόρι. Να γυρίσεις πίσω στην Ιθάκη, λέει, στον Τηλέμαχο και στην Πηνελόπη, λέει!!!

Οδυσσέας
Ωωωχχ! Η Ιθάκη! Η Πηνελόπη! Ο Τηλέμαχος. Πω – πω, τους ξέχασα τελείως. Εσύ φταις. Που με κρατάς με το ζόρι τόσα χρόνια. Άσε με να φύγω Καλυψώ, σε ικετεύω, μην με κρατάς άλλο.

Καλυψώ
Μμμμ ... Κάτσε να το σκεφτώ λίγο... Ορίστε το καράβι σου, έτοιμο είναι.

Οδυσσέας
Σ' ευχαριστώ, καλή μου, σ' ευχαριστώ.. Πω - πω πάχυνα. Τι σωσίβιο είναι αυτό;

Καλυψώ
Είναι παιδικό το πάχος μην το φοβάσαι, θα γίνει μπόι! Έλα βιάσου τώρα, θα νυχτώσει. Άντε, άντε...

Οδυσσέας
Καλά, καλά, φεύγω... Αντίο, Καλυψώ...θα μου λείψεις...

Καλυψώ
Να σου λείψω. Άντε πουλάκι μου πήγαινε λέμε... Οι θεοί προστάζουν...

Οδυσσέας
Ορεβουάρ Καλύψω

Καλυψώ
Ε που να μη σε καλύψω με καμιά κοτρόνα...

Ο Οδυσσέας απομακρύνεται, η Καλυψώ δε βλέπει την ώρα να μείνει μόνη της. Όταν απομακρύνεται ο Οδυσσέας η Καλυψώ βγάζει το μαντίλι απ το κεφάλι της και παίρνει τηλέφωνο...

Καλυψώ
Έλα Σούλα. Πρόσεξέ με. Κούρεμα, χτένισμα, ανταύγειες, μανικιούρ, πεντικιούρ, αφαίρεση κάλων. Έρχομαι αμέσως. Γεια....

ΚωμΟδύσσεια

Σκηνή 8η

Στο νησί των Φαιάκων

Ο Οδυσσέας είναι μόνος του στο καράβι και προσεύχεται...

Οδυσσέας
Ωωωω, θεοί του Ολύμπου βοηθήστε με να φτάσω στην Ιθάκη. 20 χρόνια έχουν περάσει. Δεν θα με γνωρίσει κανείς. Είναι μαλλί αυτό; Είναι μούσι αυτό; Είναι ντύσιμο αυτό; Θα έχει αλλάξει και η μόδα

Εκείνη την ώρα εμφανίζεται ο Ποσειδώνας και γελά δυνατά με κακία.

Ποσειδώνας
Χα, χα, χα, χα! Οδυσσέα, Οδυσσέα! Δεν θα πας ακόμα στην πατρίδα σου. Μου τύφλωσες τον Πολύφημο και θα μου το πληρώσεις.

Οδυσσέας
Βρε καλώς τον Ποσειδώνα! Να σου το πληρώσω, αλλά ξέρεις δεν έχω ψιλά απάνω μου. Να στα χρωστάω;

Ποσειδώνας
Χιουμοράκι Οδυσσέα; Να σου στείλω μια καταιγίδα για να μάθεις;

Οδυσσέας
Και δεν στέλνεις; Πρώτη φορά θα' ναι;

Ποσειδώνας
Χα, χα, χα! Ετοιμάσου να δεις στον πάτο την Καρέτα - Καρέτα!

....Ξεσπά καταιγίδα και φουρτούνα. Ο Ποσειδώνας γελά δυνατά... Μετά από λίγη ώρα...

Ποσειδώνας
Λοιπόν, Οδυσσέα, πώς αισθάνεσαι; Είσαι αλλού;

Οδυσσέας
Σκέτο Αλού φαν παααααρκ!

Ο Ποσειδώνας αποχωρεί σιγά – σιγά γελώντας ικανοποιημένος. Ο Οδυσσέας βολοδέρνει μέχρι που πέφτει έξω απ το καράβι λιπόθυμος. Εμφανίζονται τέσσερα κορίτσια (Ναυσικά και φίλες) με αθλητικά ρούχα και μπάλα ποδοσφαίρου. Λίγο πιο πέρα η Ναυσικά με τις φίλες της παίζουν ... ποδόσφαιρο! Καθώς παίζουν η μπάλα φεύγει από τα κορίτσια και πάει προς το μέρος του Οδυσσέα. Εκείνος πιάνει την μπάλα σαν τερματοφύλακας και ξαναλιποθυμάει

Φίλη 1
Ναυσικά... Κορίτσια, ελάτε εδώ γρήγορα

Ναυσικά
Έλα ρε, πες το.

Φίλη 2
Αμάν! Ο Νικοπολίδης

Φίλη 3 (τον μυρίζει)
Έχεις δίκιο! Σαν γαύρος μυρίζει!

Πλησιάζει η Ναυσικά με τρεξιματάκι και τον παρατηρεί

Ναυσικά
Άσε ρε, δεν είναι αυτός

Φίλες 1+2+3
Πού το ξέρεις;

Ναυσικά
Δεν έχει γκρίζους κροτάφους

Φίλες 1+2+3
Σωστή!

Φίλη 1
Αχ! Δεν κουνιέται!

Φίλη 2
Λες να είναι πτώμα;

Φίλη 3
Να τον ρωτήσω;

Ναυσικά
Σταματήστε! Νομίζω πως κουνιέται.

Ο Οδυσσέας σιγά – σιγά συνέρχεται και γυρίζει ανάσκελα.

Οδυσσέας
Αμάν. Πέθανα και πήγα στον παράδεισο! Είσαστε άγγελοι;

Φίλη 1
Ναι, οι άγγελοι του Τσάρλι! Τι λέει αυτός ρε Ναυσικά;

Ναυσικά
Έχει παραισθήσεις απ 'το πολύ αλάτι! Ελάτε, κορίτσια, βάλτε ένα χεράκι να τον σηκώσουμε.

Οδυσσέας
Είμαι ζωντανός; Πείτε μου, είμαι ακόμα ζωντανός; Δεν το πιστεύω. Τσιμπήστε με να σιγουρευτώ

Τον τσιμπάνε και οι τέσσερις με επιφωνήματα. «άχου το μωρέ, τι γλυκούλι, κούτσου – κούτσου, κτλ κτλ

Οδυσσέας
Κορίτσια… στο θέμα μας!!!
Σοβαρεύουν απότομα

Μαρία Κίτρα

Ναυσικά
Ποιος είσαι, ξένε, κι από πού έρχεσαι;

Φίλες 1+2+3
Ποιος είσαι ξένε κι από πού έρχεσαι;

Οδυσσέας
Έχω βαρεθεί να απαντάω σ αυτή την ερώτηση! Είμαι ο Οδυσσέας ο βασιλιάς της Ιθάκης. Εδώ και είκοσι χρόνια προσπαθώ να φτάσω στην πατρίδα μου και δεν μπορώ.

Ναυσικά
Εσύ είσαι ο Οδυσσέας; Έλα ρε μεγάλε. Μαγκιά μιλάμε! Εσύ ρε τα βαλες με τους θεούς; Κόλλα το!

Οι τρεις φίλες χειροκροτούν ενθουσιασμένες!

Φίλη 1
Αχ θα κάτσεις να παίξουμε λίγο μπάλα;

Φίλη 2
Αχ ξέρεις να κάνεις ανάποδο ψαλιδάκι;.

Φίλη 3
Αχ θα μου δείξεις πώς να μην κάνω οφσάιντ;

Ναυσικά
Πάψτε, κορίτσια. Άκου, Οδυσσέα, τι θα να κάνεις. Οι γονείς μου έχουν μετοχές στην Ολυμπιακή. Θέλεις ένα αεροπλάνο να σε πετάξει αμέσως στην Ιθάκη;

Οδυσσέας
Α παπαπαπαπα! Δεν είδες τι πάθανε στο Lost; Εγώ είμαι ναυτικός!

Φίλη 1
Να του δώσουν ένα φουσκωτό!

Φίλη 2
Με το δελφίνι θα πάει πιο γρήγορα

Φίλη 3
Το καταμαράν είναι το καλύτερο απ όλα!.

Ναυσικά
Πάψτε κορίτσια! Πρόσεξέ με αρχηγέ. Οι γονείς μου έχουν πολλά καράβια. Μόνο που θα μιλήσεις στη μάνα μου την Αρήτη. Αυτή παίρνει όλες τις αποφάσεις! Ο πατέρας μου ο Αλκίνοος δεν τολμά να πει και πολλά.

Οδυσσέας
Σ' ευχαριστώ, πανέμορφη κόρη. Τι μπορώ να κάνω για να στο ξεπληρώσω;

Ναυσικά
Θα παίξουμε ένα μονό στο ποδόσφαιρο πρώτα!

Φίλη 1
Κι ένα μπάνιο με χλωρίνη το χρειάζεται!

Φίλη 2
Κι ένα κούρεμα με την ψιλή

Φίλη 3
Και μια αλλαξιά ρούχα. Ρίζες έβγαλε αυτό που φοράει.

Οδυσσέας
Εντάξει κορίτσια. Ο,τι πείτε. Στη διάθεσή σας. Πάμε να σας δείξω κάτι κολπάκια με τη μπάλα!

Από τη μία πλευρά της σκηνής φεύγουν χαρούμενοι, ενώ από την άλλη μπαίνουν ο Αλκίνοος, η Αρήτη και δυο φρουροί από πίσω. Τοποθετούνται δύο θρόνοι, όπου κάθονται ο Αλκίνοος και η Αρήτη. Δεξιά και αριστερά τους κάθονται οι φρουροί. Ο Αλκίνοος ξεροβήχει...

Αρήτη
Μίλησες Αλκίνοε;

Αλκίνοος
Αστειεύεσαι αγάπη μου; Τολμώ; Μπορώ να ρωτήσω κάτι;

Αρήτη
Σύντομα!

Μαρία Κίτρα

Αλκίνοος
Τι λες να κάνουμε απόψε;

Αρήτη
Κοίτα θράσος! `Ο,τι πω εγώ θα κάνουμε!

Αλκίνοος
Καταπληκτική ιδέα! Να σου πω... Μπορώ να πάω λίγο στην τουαλέτα;

Αρήτη
Το βράδυ, μια και καλή!

Αλκίνοος
Αααα! Ωραία ιδέα. Πώς δεν το' χα σκεφτεί;

Μπαίνει η Ναυσικά και πηγαίνει προς το μέρος τους

Ναυσικά
Μπαμπάκα μου, μπαμπάκα μου! Ζεις ακόμη;

Αλκίνοος
Με μηχανική υποστήριξη!

Αρήτη
Τι είπες Αλκίνοε;

Αλκίνοος
Τίποτα λατρευτή μου, τίποτα.

Ναυσικά
Σας φέρνω νέα! Ο βασιλιάς της Ιθάκης θέλει τη βοήθειά σας για να γυρίσει στην πατρίδα του

Αλκίνοος
Αχ, θα με πάρει μαζί του και μένα;

Αρήτη
Τι μουρμουράς εκεί λέλεκα;

Αλκίνοος
Τίποτα πολυαγαπημένη μου. Λέω, να με πάρει και να με σηκώσει αν ποτέ εγώ θελήσω να φύγω από δω!

Αρήτη
Πού είναι ο βασιλιάς Ναυσικά;

Ναυσικά
Μόλις κατέβασε ένα αγριογούρουνο με πατάτες κι έρχεται...

Αρήτη
Πες του να έρθει μέσα. Θέλω να τον δω

Αλκίνοος
Κι ο ψυχίατρος θέλει να σε δει αλλά φοβάται!

Αρήτη
Μίλησες πάλι;

Αλκίνοος
Όχι πεντάμορφη. Λέω φοβάμαι μη θαμπωθεί από την ομορφιά σου!

Αρήτη
Τσσς! Καλά τώρα!

Η Ναυσικά φεύγει απ τη σκηνή για να φωνάξει τον Οδυσσέα. Μπαίνει καθαρός, περιποιημένος και υποκλίνεται στα γόνατα μπροστά τους

Αρήτη
Πώς σε λένε ξένε;

Οδυσσέας
Με λένε Οδυσσέα κι είμαι ο βασιλιάς της Ιθάκης! Να τολμήσω να πω ότι τα αστέρια στον ουρανό λάμπουν λιγότερο απ' ό,τι λάμπεις εσύ;

Αλκίνοος
Πού να τη δεις το βράδυ! Φωσφορίζει σα φάντασμα!!!

Αρήτη
Για συνέχισε Οδυσσέα, καλά το πας!

Μαρία Κίτρα

Οδυσσέας
Επίσης να τονίσω πως η κορμοστασιά σου είναι σαν άγαλμα σμιλεμένο με την απόλυτη τελειότητα στις αναλογίες

Αλκίνοος
Έχεις δει τον Κούρο στη Σάμο; Τέσσερα μέτρα μουλάρι!

Αρήτη
Τι είπες δείγμα δωρεάν;

Αλκίνοος
Εεε, τίποτα βασίλισσά μου. Λέω, είμαι τελείως μουλάρι που δεν σου έχω πει τέτοια λόγια εγώ.

Αρήτη
Η κόρη μου είπε ότι θέλεις ένα καράβι να πας πίσω στην πατρίδα σου. Αληθεύει;

Οδυσσέας
Αχ ναι όμορφη βασίλισσα, αλλά σ αυτό το σημείο οφείλω να ομολογήσω πως τόση ώρα που σε κοιτάζω βλέπω μπροστά μου το όγδοο θαύμα του κόσμου!

Αλκίνοος
Φαντάσου ρε φίλε πώς θα είναι τα υπόλοιπα επτά....

Αρήτη
Οδυσσέα, με κέρδισες, γιατί μίλησες με ειλικρίνεια. Το καράβι σου σε μία ώρα θα είναι έτοιμο. Δώρο από μένα! Είσαι ωραίος τύπος!

Οδυσσέας
Βασίλισσα Αρήτη δεν έχω λόγια! Μπορώ να κάνω κι εγώ κάτι να σ' ευχαριστήσω;

Αλκίνοος
Δεν τη ρίχνεις στη θάλασσα να ευχαριστηθώ εγώ;

Αρήτη
Τι είπες ρε Αλκίνοε πάλι;

Αλκίνοος
Λέω, αγαπημένη, να σε ρίξει στη θάλασσα να κάνεις μερικές απλωτές να ανοίξουν οι πλάτες σου!

ΚωμΟδύσσεια

Αρήτη
Καλά, θα σε φτιάξω εσένα σε λίγο. Λοιπόν Οδυσσέα πήγαινε μέσα με τα κορίτσια να παίξετε λίγο play station μέχρι να ετοιμαστεί το καράβι και μετά έφυγες.

Οδυσσέας
Χίλια ευχαριστώ βασίλισσα Αρήτη. Δεν θα σε ξεχάσω ποτέ! ...

Αλκίνοος
Α καλά, αυτός παίρνει χάπια!

Ο Οδυσσέας σηκώνεται φιλάει το χέρι της Αρήτης και δίνει το χέρι του στον Αλκίνοο

Οδυσσέας
Χάρηκα που τα είπαμε!

Αλκίνοος
Τι λες τώρα; Μάλλιασε η γλώσσα μου να μιλάω.

Ο Οδυσσέας φεύγει απ τη σκηνή

Αλκίνοος
Ωραίος τύπος ο Οδυσσέας! Ε, τι λες και συ Αρήτη μου;

Αρήτη
Καμία σχέση με σένα. Αυτός είναι άντρας. Ξέρει να μιλάει σε μια γυναίκα!

Αλκίνοος
Όταν λες γυναίκα, εννοείς εσένα;

Αρήτη
Δώσ' μου μισό λεπτό σαμιαμίδι.... Φρουροίοιοιοι!.. Πάρτε το αυτό το πράμα από μπροστά μου.

Αλκίνοος
Γιατί Αρήτη μου; Πού θα με στείλεις;

Αρήτη
Εξορία! Μόνο σου!!!

Μαρία Κίτρα

Αλκίνοος
Φρουροί, πάρτε με, πάρτε με!!! Επιτέλους ελεύθεροοοος!

Οι φρουροί παίρνουν σηκωτό τον Αλκίνοο. Η Αρήτη κάθεται στο θρόνο της και παίρνει τηλέφωνο.

Αρήτη
Έλα Μέδουσα! Καλά είσαι; Μπες λίγο facebook να μιλήσουμε!

Κλείνει η αυλαία με μουσική...

Διάλειμμα...

Μέρος Δεύτερο

Σκηνή 9η

Πηνελόπη –Τηλέμαχος – Οδυσσέας

Η Πηνελόπη είναι καθισμένη στην πολυθρόνα της και κεντάει. Ο Τηλέμαχος κάνει ποδηλατάκι γύρω – γύρω από την Πηνελόπη και την έχει ζαλίσει Τον ταΐζει φρουτόκρεμα!

Πηνελόπη
Βρε, Τηλέμαχε, δε σταματάς μ' αυτό γύρω - γύρω; Με ζάλισες!

Τηλέμαχος
Ε, τι να κάνω, καλέ μαμά; Βαριέμαι.

Πηνελόπη.
Έλα κουταλίτσα. Δεν πας λίγο κάτω στην αυλή να κάνεις ποδήλατο;

Τηλέμαχος
Τι λες μωρέ μαμά; Είναι οι μνηστήρες.

Πηνελόπη
Αχ οι μνηστήρες! Δώδεκα γίνανε ζωή να 'χουν! Πω πω κατακτήσεις!

Τηλέμαχος
Έι, μάνα, τον πατέρα τον ξέχασες;

Πηνελόπη
Θύμισέ μου λίγο...

Τηλέμαχος
Οδυσσέας, βασιλιάς της Ιθάκης, παντρεμένος μαζί σου ...

Πηνελόπη
Άι γεια σου! Εγώ βρε τον ξέχασα; Δεν τον βγάζω στιγμή απ το μυαλό μου. Αυτός έχει αργήσει είκοσι χρόνια να φανεί. Οι μνηστήρες λυσσάξανε να παντρευτώ έναν απ αυτούς!

Τηλέμαχος
Μάνα, κάτι πρέπει να κάνω. Κάτι μου λέει ότι είναι ζωντανός! Θα πάω να τον βρω.

Πηνελόπη
Εσύ δεν μπορείς να βρεις το μπιμπερό σου, έλα κουταλίτσα, θα βρεις τον πατέρα σου; Τέλος πάντων! Κάτι πρέπει να γίνει γρήγορα γιατί οι γαμπροί κάτω περιμένουν απάντηση. Το 'χω εξαντλήσει και το θέμα με το κέντημα!

Τηλέμαχος
Εγώ πάντως «μπαμπάκα» δεν φωνάζω κανέναν απ τα ρεμάλια εκεί κάτω!

Πηνελόπη
Λεβέντη μου, γίνεσαι άντρας!

Τηλέμαχος
Ε, πώς με κόβεις; Γίνομαι άντρας;

Πηνελόπη
Μη βιάζεσαι χρυσό μου. Απ το παλάτι δεν φεύγεις αν δεν κλείσεις πρώτα τα 35!

Τηλέμαχος
Λοιπόν μάνα. Μια κι είμαι άντρας, το πήρα απόφαση! Θα πάρω το καράβι και θα φύγω. Θα πάω στα ξένα να τον βρω και να τον φέρω πίσω.

Πηνελόπη
Βρε χρυσό μου, να σου πω. Έλα κουταλίτσα. Επειδή είναι η ώρα να φας το αβγό σου δεν το αναβάλλεις για λίγο;

ΚωμΟδύσσεια

Τηλέμαχος
Καλά, μητέρα. Αλλά μετά θα πάω κι απ' τον Εύμαιο. Σίγουρα εκείνος θα με συμβουλέψει σωστά. Θα δω και το σκυλί του μπαμπά. Μελάτο είναι;

Πηνελόπη
Ποιο παιδί μου το σκυλί;

Τηλέμαχος
Όχι ρε μάνα, το αβγό!

Πηνελόπη
Ναι γιόκα μου. Όπως σ αρέσει!

Τηλέμαχος
Εντάξει, μάνα. Σου υπόσχομαι να το φάω όλο! Φσσττ! Ταξί! ... Παραλία πάω!

Ο Τηλέμαχος φεύγει. Η Πηνελόπη κοιτάζεται στο καθρεφτάκι της και τραβάει το πρόσωπό της προς τα πίσω. Της φεύγει ο φακός επαφής απ' το μάτι και προσπαθεί να τον βρει.

Πηνελόπη
Συνέχεια χάνω τον φακό επαφής! Πού πήγε τώρα;

Μπαίνει η Ευρύκλεια με μια κούπα τσάι.

Ευρύκλεια
Αχ κυρά μου, πάλι κλαις; Δεν μπορώ να σε βλέπω έτσι

Πηνελόπη
Αμ εγώ που δεν βλέπω τίποτα; Α νάτος! Αχ Ευρύκλεια, κλαίω κάθε μέρα. Δεν είναι φακοί αυτοί!

Ευρύκλεια
Ε ναι, εγώ εννοώ ότι κλαις για τον άντρα σου που λείπει...

Πηνελόπη
Θύμισέ μου λίγο...

Ευρύκλεια
Οδυσσέας, βασιλιάς της Ιθάκης, σύζυγός σου...

Μαρία Κίτρα

Πηνελόπη
Άι γεια σου! Αχ Ευρύκλεια έχω μαραζώσει. Είκοσι χρόνια λείπει απ το παλάτι.

Ευρύκλεια
Έλα, μη μου στενοχωριέσαι. Πιες το τσάι σου να χαλαρώσεις. Να δεις που ο Οδυσσέας θα γυρίσει. Μου το 'πε η ... Λίτσα Μητέρα!

Πηνελόπη
Αχ, μακάρι Ευρύκλεια, μακάρι. Το ξέρεις ότι κατεβάζω μόνη μου τα σκουπίδια εδώ και είκοσι χρόνια;

Ευρύκλεια
Αχ κυρά μου σταμάτα. Μου σπαράζεις την καρδιά. Πάμε να σε κάνω ένα μπάνιο με γάλα εβαπορέ να χαλαρώσεις λίγο;

Πηνελόπη
Κι άλλο να χαλαρώσω Ευρύκλεια; Το θέμα είναι να σφίξω. Αν έρθει ο.. ο .... ο... θύμισέ μου...

Ευρύκλεια
Ο Οδυσσέας!

Πηνελόπη
Άι γεια σου. Αν έρθει ο Οδυσσέας, πρέπει να με βρει όπως με άφησε. Νέα, όμορφη. Μην ξαναφύγει γι' άλλα είκοσι χρόνια!

Ευρύκλεια
Έχεις δίκιο! Λοιπόν πάμε μέσα να κλείσουμε μερικά ραντεβού για ριζική ανανέωση κι όταν θα 'ρθει ο Οδυσσέας θα πάθει την πλάκα του!!!

Η Ευρύκλεια κι η Πηνελόπη σηκώνονται για να φύγουν... Η Πηνελόπη κοντοστέκεται και ρωτάει την Ευρύκλεια.

Πηνελόπη
Θύμισέ μου ποιος είναι ο Οδυσσέας;

Ευρύκλεια
Ο βασιλιάς της Ιθάκης, ο άντρας σου!!!

ΚωμΟδύσσεια

Πηνελόπη
Άι γεια σου!

Ευρύκλεια
Έλα πάμε γρήγορα, γιατί δεν το γλιτώνεις το Αλτσχάιμερ...

Πηνελόπη και Ευρύκλεια φεύγουν από τη σκηνή. Από την άλλη μεριά δύο φρουροί φέρνουν σέρνοντας τον Οδυσσέα και τον ακουμπάνε κάτω. Εμφανίζεται κι η Αθηνά και τον κλοτσάει.

Αθηνά
Κοίτα πρωταγωνιστής! Στο μισό έργο κοιμάται! Οδυσσέα, ξύπνα. ... ξύπνα πουλάκι μου!

Οδυσσέας
Πέντε λεπτάκια ακόμη!!!

Αθηνά
Ξύπνα χρυσέ μου και το 'χουμε κάνει σίριαλ το έργο!

...... *Ο Οδυσσέας ξυπνάει σιγά – σιγά και τεντώνεται. Βλέπει την Αθηνά*

Οδυσσέας
Αθηνά; Τι γυρεύεις εσύ εδώ;

Αθηνά
Συγνώμη, αλλά παίζουμε κι εμείς στο έργο! Σήκω, πρέπει να σου μιλήσω! Ξέρεις πού βρίσκεσαι;

Οδυσσέας
Θα αστειεύεσαι! Και πότε ήξερα;

Αθηνά
Σωστό. Άκου με! Βρίσκεσαι στην πατρίδα σου την Ιθάκη! Σε φέρανε οι Φαίακες, τάβλα φυσικά!

Οδυσσέας
Άσε την πλάκα, θεά!.. Πώς άλλαξε έτσι το νησί μου! Γέμισε αυθαίρετα! Κάτσε να πάω στο θρόνο μου και θα στους φτιάξω τους εργολάβους!

Μαρία Κίτρα

Αθηνά
Ε, ναι, έχουμε ένα θεματάκι! Εκτός από σένα θέλουν κι άλλοι να καθίσουν στο θρόνο σου. Επίσης πριν τους εργολάβους πρέπει να κάνεις κάτι με τους... μνηστήρες

Οδυσσέας
Τι είναι αυτό; Καινούριο επάγγελμα;

Αθηνά
Α καλά. Άστο. Θα στα εξηγήσει ο γιος σου. Είσαι έτοιμος να δεις τον Τηλέμαχο;

Οδυσσέας
Αν είμαι λέει; Θα έχει γίνει πια ολόκληρος λεβέντης. Δυο μέτρα άντρας. Με μπράτσα σαν του πατέρα του, θεληματικό πιγούνι, ξανθά μακριά μαλλιά, τρικέφαλους...

Ο Τηλέμαχος εμφανίζεται από την άλλη πλευρά της σκηνής να τρώει το αβγό του...

Αθηνά
Ναι, περίπου! Κάτσε να στον φωνάξω. Τηλέμαχε; Τηλέμαχε;

Τηλέμαχος
Με πρόσταξες Αθηνά; Τι συμβαίνει;

Αθηνά
Τηλέμαχε, σου φέρνω καλά μαντάτα. Όμως κρατήσου από κάπου. (*ο Τηλέμαχος κρατιέται απ' το κεφάλι της*) Ο πατέρας σου ζει. Είναι εδώ, στην Ιθάκη

Τηλέμαχος
Ναι καλά! Δε μασάω εγώ! Τα περνάω όλα απ το μπλέντερ!!!!

Αθηνά
Τηλέμαχε! Άσε το αβγό παιδάκι μου και κοίτα μπροστά σου. Αυτός είναι ο πατέρας σου.

Οδυσσέας και Τηλέμαχος κοιτάζονται για ώρα και κάνουν έναν κύκλο. `Ο,τι κάνει ο ένας κάνει κι ο άλλος ...

ΚωμΟδύσσεια

Τηλέμαχος
Πατερούλη; Είσαι στ' αλήθεια εσύ;

Οδυσσέας
Γιε μου, είναι αβάσταχτος ο πόνος μου καλέ μου...

Αθηνά
Ωχ, καλά. Εγώ να πηγαίνω. Θα έχετε πολλά να πείτε

Τηλέμαχος + Οδυσσέας
Γειαααααα!

Οδυσσέας
Τηλέμαχε παιδί μου, στάσου να σε δω. Πώς ψήλωσες έτσι εσύ; Σχεδόν... καθόλου!

Τηλέμαχος
Πήρα από το σόι της μαμάς... Πατέρα πώς είσαι;

Οδυσσέας
Ε κοίτα, έχω λίγο πίεση, το ζάχαρό μου ανεβαίνει αν φάω γλυκό, η μέση μου άμα σκύβω με ...

Τηλέμαχος
Καλά, άσε θα μου πεις ύστερα! Έχουμε ένα θεματάκι εδώ. Ξέρεις πατερούλη, τώρα τελευταία υπάρχουν κάτι μνηστήρες στο παλάτι μας

Οδυσσέας
Α, κάτι πήγε να μου πει η Αθηνά αλλά δεν προλάβαμε. Ανακαινίζει το παλάτι;

Τηλέμαχος
Αυτό ξαναπές το!

Οδυσσέας
Α, κάτι πήγε να μου πει η Αθηνά αλλά δεν προλάβαμε. Ανακαινίζει το παλάτι;

Τηλέμαχος
Αχ μπαμπάκα μου ήπιες πολλή θάλασσα. Κάτσε να σου εξηγήσω....

Μαρία Κίτρα

Μουσική....Ο Τηλέμαχος εξηγεί χαμηλόφωνα την κατάσταση στο παλάτι κι ο Οδυσσέας θυμώνει κι εξοργίζεται κάνοντας διάφορες γκριμάτσες και πετάει διάφορες κουβέντες «τι;», «πώς;», «μη μου πεις!» κτλ κτλ... Μετά από λίγο, σηκώνεται εξαγριωμένος...

Οδυσσέας
Κράτα με γιατί θα πάω μέσα και θα τα σπάσω όλα

Τηλέμαχος
Θα σε αναγνωρίσουν βρε πατερούλη, αλλά πήγαινε!

Οδυσσέας
Βρε κράτα με που σου λέω!!!! ... Περίμενε, χρειαζόμαστε βοήθεια! Έχεις κινητό;

Τηλέμαχος
Δεν έχω μονάδες!

Οδυσσέας
Τώρα; Πώς θα βρω την Αθηνά;

Η Αθηνά είναι ήδη στη σκηνή!

Τηλέμαχος + Οδυσσέας
Καλά, είσαι θεά!

Αθηνά
Πίσω απ' τη σκηνή ήμουν και τ' άκουσα όλα! Λοιπόν θες να σε μεταμφιέσω να μπεις στο παλάτι σου και να μη σε καταλάβει κανείς;

Οδυσσέας
Ναι, ναι, θέλω! Με κάνεις ... Batman; ... Spiderman;... Νίντζα;... γατούλα;

Η Αθηνά κάνει γκριμάτσες

Αθηνά
Φτάνει!!! Θα σε μεταμφιέσω σε ζητιάνο. Έτσι θα μπεις ανενόχλητος στο παλάτι και δε θα σε καταλάβει κανείς!

Οδυσσέας
Κρίμα, κι ήθελα να πετάω από ταράτσα σε ταράτσα!

Αθηνά
Λοιπόν, πάμε! Οι μνηστήρες δεν αστειεύονται!

Φεύγοντας ...

Οδυσσέας
Καλά, πάμε. Να σου πω. Πώς είναι η στολή του ζητιάνου;

Τηλέμαχος
Έλα πατερούλη! Μην κάνεις σαν μικρό παιδί! ... Αχ, μαλλί της γριάς.

Οδυσσέας
Πού; Πάμε!!!

Αθηνά
Άντρες. Μια ζωή παιδιά!

Καθώς φεύγουν, μπαίνει ο χορός με χαρτομάντιλα στα χέρια τους.

ΧΟΡΟΣ 1
Καλέεεεε, μας ήρθαν δάκρυα, συγκίνηση μεγάλη
Ο Οδυσσέας έσφιξε το γιο του στην αγκάλη.
Μετά από χρόνια 20, στο θρόνο θα καθίσει
Και τη γυναίκα του ξανά, γλυκά θα τη φιλήσει.

ΧΟΡΟΣ 2
Αφήστε τη συγκίνηση, φιλιά και τις αγκάλες
Κοιτάξτε τους μνηστήρες πια, αδειάζουν τις μπουκάλες.
Χαμπάρι δεν επήρανε πως ήρθε ο Οδυσσέας
Μα θα τους κανονίσει σπέσιαλ ο μέγας βασιλέας!

Σκηνή 10η

Το τέλος των μνηστήρων ...

Η σκηνή αδειάζει. Μπαίνει μουσική. Εμφανίζονται σιγά – σιγά τρεις μνηστήρες με κούπες κρασί ψιλό-μεθυσμένοι και τραγουδούν...

Μνηστήρας 1
Ωραία ζωή ρε φίλε. Δεν κάνουμε τίποτα όλη μέρα.

Μνηστήρας 2
Ε όχι και τίποτα. Τρώμε και πίνουμε!

Μνηστήρας 3
Λίγο το 'χεις; Να ρωτήσω κάτι; Με την Πηνελόπη τι θα κάνουμε; Έχουμε μαζευτεί πολλοί στο παλάτι! Δώδεκα μνηστήρες γίναμε!

Μνηστήρας 1
Τι εννοείς τι θα κάνουμε; Ας κερδίσει ο καλύτερος!

Μνηστήρας 2
Και πώς ακριβώς θα γίνει αυτό;

Μνηστήρας 1
Έλα μου ντε...

Μνηστήρας 3
Ρε παιδιά το βρήκα. Τι μυαλό έχω ο άνθρωπος! Θα διοργανώσουμε καλλιστεία!

Μνηστήρας 2 + 1
Δηλαδή;

Μνηστήρας 3
Τι δηλαδή; Πώς κάνει βρε φίλε ο Αντένα καλλιστεία για Σταρ Ελλάς κτλ; Θα κάνουμε κι εμείς για Σταρ Μνηστήρας.

Μνηστήρας 2
Τι; Θα πρέπει να βγούμε και με μαγιό; Δεν μπορώ, έχω κοιλίτσα...

Μνηστήρας 1
Ε, ας χάσεις. Εγώ έχω κάνει σολάριουμ!!!!

Μνηστήρας 3
Παιδιά, μην το σκέφτεστε. Είναι φοβερή ιδέα. Έτσι κι αλλιώς πρέπει σύντομα κάποιος να παντρευτεί την Ποπίτσα.

Μνηστήρας 2
Δίκιο έχεις. Του Τηλέμαχου το μάτι γυαλίζει!

Μνηστήρας 1
Είναι γιατί κοιτάς το γυάλινο!!! Λοιπόν εγώ συμφωνώ. Πάμε να το πούμε και στους άλλους να το οργανώσουμε. Ποιους θα έχουμε στην επιτροπή;

Μνηστήρας 3
Σωστή παρατήρηση! Πρέπει να βάλουμε κάποιους δικούς μας μέσα να 'χουμε ελπίδες... Εγώ θα φέρω τη θεία μου τη Σούλα που μου 'χει αδυναμία!

Μνηστήρας 1
Ρε παιδιά να ρωτήσω κάτι τελευταίο; Θα απαντήσουμε και σε ερωτήσεις; Κι άμα δεν τις ξέρουμε;

Μνηστήρας 2
Α καλά, εσύ δεν ξέρεις τίποτα. Εμείς θα τις γράψουμε κι έτσι θα ξέρουμε και τις απαντήσεις;!

Μνηστήρας 1
Καλή ιδέα. Για πες μία, εύκολη ε;

Μνηστήρας 2
Χμμμ. .. Α, βρήκα μία! ...Πώς λένε το γιο της Πηνελόπης;

Μνηστήρας 1
Εεεε, με βοηθάς λίγο;

Μνηστήρας 2
Αρχίζει από «τηλέ».

Μνηστήρας 1
Μμμμ Το βρήκα! ... Τηλεόραση!!!

Μνηστήρας 2
Α καλά... Άλλος

Μνηστήρας 3
Τηλεκοντρόλ!

Μνηστήρας 2
I.Q μπιφτεκιού! Δεν έχουμε ελπίδες!

Μνηστήρας
Σουουουτ! Μη μιλάτε άλλο! Έρχεται η υπηρέτρια της κυράς...

Μπαίνει η Ευρύκλεια στη σκηνή

Ευρύκλεια
Υπηρέτρια να πεις τα μούτρα σου! Είμαι οικιακή βοηθός! Μπρος αδειάστε μου τη γωνιά γιατί θα βάλω σκούπα...

Μνηστήρας 2
Μόλις φεύγαμε...

Μνηστήρας 1
Ναι, ναι πάμε μέσα, έχουμε δουλειές

Μνηστήρας 3
Ούτε που θα σας ενοχλήσουμε...

Ευρύκλεια
Βρε άι στα τσακίδια προικοθήρες...

Οι μνηστήρες τη χαιρετάνε με χιτλερικό χαιρετισμό

Μνηστήρες
Χάιλ Ευρύκλεια!!!

Μαρία Κίτρα

Οι μνηστήρες φεύγουν από τη σκηνή και η Ευρύκλεια κάνει δουλειές. Μπαίνει ο Οδυσσέας σαν ζητιάνος με τον Τηλέμαχο τρώγοντας μαλλί της γριάς.

Τηλέμαχος
Ευρύκλεια, φέρε μια κανάτα με νερό. Θέλω να πλύνεις τα πόδια αυτού εδώ του ζητιάνου.

Ευρύκλεια
Να φέρω και μανό; Βρε δε με παρατάτε όλοι σας από δω;

Η Ευρύκλεια φεύγει από τη σκηνή για λίγο

Τηλέμαχος
Πατερούλη, επιτέλους, ήρθες στο παλάτι μας. Τώρα πρέπει να εξοντώσουμε τους μνηστήρες

Οδυσσέας
Κάτσε πουλάκι μου να μου φτιάξει τα πόδια λίγο. Έχω κάτι νύχια μέχρι την Κρήτη.

Τηλέμαχος
Εντάξει. Πάω στη μαμά, για να φάω και τη φαρίν λακτέ. Θ' αλλάξω και θα κατέβω έτοιμος να τους... ξεκάνεις όλους!!! Α! Έχω και μαύρη ζώνη!

Οδυσσέας
Στο καράτε;

Τηλέμαχος
Όχι καλέ, στο παντελόνι μου. Πάω να τη φορέσω να με δεις!!!

Οδυσσέας
Γιε μου, γρήγορα πήγαινε!

Ο Τηλέμαχος φεύγει κι έρχεται η Ευρύκλεια με μια κανάτα νερό κι ένα σφουγγαρόπανο Πλησιάζει κι αρχίζει να του σφουγγαρίζει τα πόδια!

Ευρύκλεια
Βρε άνθρωπέ μου τι πόδια είναι αυτά;

ΚωμΟδύσσεια

Οδυσσέας
Ε; ε; καλλίγραμμα, μυώδη, με τετρακέφαλους...

Ευρύκλεια
Και ρίζες απ τη μούχλα!

Οδυσσέας
Δεν θα μου κόψεις λίγο τα νύχια;

Ευρύκλεια
Τι λίγο βρε άνθρωπέ μου; Εδώ για να τα κόψεις θέλεις το σχιζοφρενή δολοφόνο με το πριόνι!

Οδυσσέας
Αχ βρε Ευρύκλεια, δεν άλλαξες καθόλου!

Ευρύκλεια
Μπα κι εσύ πού με ξέρεις;

Οδυσσέας
Κι εσύ με ξέρεις, κι αν κοιτάξεις καλύτερα στα πόδια μου θα βρεις ένα σημάδι που θα καταλάβεις αμέσως ποιος είμαι...

Ευρύκλεια
Ποιο σημάδι χριστιανέ μου. Δε φαίνεται τίποτα. Εσύ έχεις πιο πολύ τρίχα κ απ' τον Κινγκ Κονγκ!

Οδυσσέας
Ωχ θα με σκάσεις εσύ! Ευρύκλεια, ξέρεις ποιος είμαι;

Ευρύκλεια
Ο Γκοτζίλας;

Οδυσσέας
Ο Οδυσσέας, ο βασιλιάς της Ιθάκης, σύζυγος της Πηνελόπης, πατέρας του Τηλέμαχου, γιος του Λαέρτη, ξάδερφος της ...

Ευρύκλεια
Εντάξει, εντάξει, το κατάλαβα! Που 'σαι άνθρωπέ μου 20 χρόνια; Η Πηνελόπη κατεβάζει τα σκουπίδια μόνη της, ο Τηλέμαχος δεν μπορεί να κόψει την πιπίλα, οι μνηστήρες κοντεύουν να φάνε το βιος σας. Θα κάνεις κάτι;

79

Μαρία Κίτρα

Οδυσσέας
Είμαι έτοιμος να τους ξεκάνω όλους! Φέρε μου τα σπαθιά, τα μαχαίρια, τα πιστόλια, το νεροπίστολο, το πολυβόλο, το τανκ, το ούζι μου ...

Ευρύκλεια
Σιγά βρε Ράμπο! Θα στα φέρω. Πω - πω ο άνθρωπος, ακόμη δεν γύρισε πλάκωσε τις διαταγές!

Οδυσσέας
Και πού 'σαι; Πες της κυράς σου να κατέβει κάτω. Μόνο μην της πεις ποιος είμαι. Θα της κάνω έκπληξη!

Ευρύκλεια
Αυτό φοβάμαι...

Η Ευρύκλεια φεύγει κι ο Οδυσσέας μένει μόνος του. Από την άλλη πλευρά της σκηνής εμφανίζονται οι τρεις μνηστήρες που κάνουν πρόβα για τα καλλιστεία! Του Οδυσσέα θολώνει το μάτι μόλις τους βλέπει αλλά μπαίνει ο Τηλέμαχος και τον συγκρατεί...

Μνηστήρας 1
Λοιπόν πάμε πρόβα.... Κάντε μερικά βήματα με χάρη μπροστά... Ωραία.. Πείτε μας νούμερο 3 τι λύσεις προτείνετε για την οικονομική κρίση που πλήττει τη χώρα μας;

Μνηστήρας 3
Εεεε, ναι, βεβαίως υπάρχει μεγάλη οικονομική κρίση στη χώρα μας, αλλά .... Μπορώ να πάρω τη βοήθεια του κοινού;

Οδυσσέας
Μου επιτρέπετε να σας βοηθήσω;

Μνηστήρας 2
Φύγε από δω ζητιάνε που θες να βοηθήσεις κιόλας.

Μνηστήρας 3
Άσε ρε που έχεις και γνώσεις φτωχέ. Πού τα 'μαθες; Στο κρυφό σχολειό;

Μνηστήρας
Πήγαινε σε κάνα Κ.Α.Π.Η να σου πάρουν την πίεση...

Αρχίζουν και τσακώνονται όλοι κι εμφανίζεται η Πηνελόπη

Πηνελόπη
Τι φασαρία είναι αυτή; Στο γήπεδο είστε;

Αρχίζουν να μιλάνε όλοι μαζί....Η Πηνελόπη βγάζει μια κόκκινη κάρτα και σφυρίζει με σφυρίχτρα

Πηνελόπη
Λοιπόν. Ήρθε η μεγάλη στιγμή. Επειδή πρέπει να πάρω μια απόφαση σήμερα θα διοργανώσω ένα διαγωνισμό. Όποιος κερδίσει θα πάρει το θρόνο του Οδυσσέα. Σύμφωνοι;

ΟΛΟΙ
Σύμφωνοι!

Πηνελόπη
Λοιπόν. Θα ρίξετε με τα βελάκια του Οδυσσέα. Όποιος καταφέρει να σηκώσει και τα τρία και να τα ρίξει στο κέντρο του στόχου αυτός θα πάρει το θρόνο!

Μνηστήρες 1+2+3
Πάνε τα καλλιστεία...

Πηνελόπη
Τηλέμαχε, φέρε το στόχο και τα βελάκια

Τηλέμαχος
Ναι μανούλα

Οδυσσέας
Πανέμορφη Πηνελόπη μπορώ να δοκιμάσω κι εγώ;

Πηνελόπη
Και βέβαια φτωχέ μου άνθρωπε. Μα για μια στιγμή. Πού ξέρεις τα' όνομά μου; Και για να σε δω. Κάποιον μου θυμίζεις..

Μαρία Κίτρα

Οδυσσέας
Α! Όλοι μου λένε πως μοιάζω με τον Μπραντ Πιτ.

Όλοι ξεροβήχουν... Μπαίνει ο Τηλέμαχος μαζί με άλλους κουβαλώντας το στόχο και τα πολύ βαριά βελάκια...

Πηνελόπη
Ποιος θέλει λοιπόν να δοκιμάσει πρώτος;

Μνηστήρας 1
Εγώ, εγώ!

Πλησιάζει, πάει να σηκώσει το βελάκι, το σηκώνει με δυσκολία πάει να ρίξει και του πέφτει μπροστά του. Με τα μούτρα κάτω φεύγει κι έρχεται ο δεύτερος...

Μνηστήρας 2
Τσςςςς! Αυτά είναι για άντρες. Κάνε στην άκρη μπέμπη!

Τα ίδια περίπου παθαίνει κι αυτός. Φεύγει μουρμουρώντας... Πλησιάζει κι ο μνηστήρας 3

Μνηστήρας 3
Άντρες είστε εσείς ρε ή νήπια; Απολαύστε τώρα θέαμα!

Παίρνει το στόχο με δυσκολία, στοχεύει, τον πετάει και καρφώνει έναν μνηστήρα!

Οδυσσέας
Μπορώ τώρα να δοκιμάσω κι εγώ;

Πηνελόπη
Κοίτα μη σκοτώσεις κι εσύ κάνα άνθρωπο.

Ο Οδυσσέας παίρνει έναν ένα τους στόχους με απίστευτη ευκολία, κάνει φιγούρες, στοχεύει και τα ρίχνει όλα στο κέντρο... περίπου... Όλοι μένουν με το στόμα ανοιχτό. Ο Τηλέμαχος ενθουσιασμένος λέει...

Τηλέμαχος
Μπράβο, τα κατάφερες ... πατέρα!!!

ΚωμΟδύσσεια

Όλοι χειροκροτούν ακόμη κι οι μνηστήρες μέχρι που συνειδητοποιούν τι ειπώθηκε!

Πηνελόπη
Πώς τον είπες;;;

Ο Οδυσσέας βγάζει τα ρούχα του ζητιάνου συνοδεία μουσικής από τον Τζέιμς Μποντ.

Οδυσσέας
Σέας! Οδυσσέας! Μη μιλάς γυναίκα! Τώρα μιλάνε οι άντρες. Τηλέμαχε; Δώσε μου τα πιστόλια μου να τους ξεκάνουμε όλους!

Ο Τηλέμαχος του δίνει ένα σωρό όπλα, μαχαίρια ζωστήρες με σφαίρες. Μπαίνει μουσική κι αρχίζουν να κυνηγούν τους μνηστήρες. Η Πηνελόπη λιποθυμά.... Μετά από ... «μάχη» νικάνε τους μνηστήρες κι εξαφανίζονται από τη σκηνή... Κουρασμένοι πατέρας και γιος αλλά περήφανοι και χαρούμενοι αγκαλιάζονται...

Τηλέμαχος
Πατερούλη το 'ξερα πως θα κερδίζαμε!

Οδυσσέας
Κι εγώ γιε μου! Το διάβασα στο σενάριο!

Πηνελόπη
Συγνώμη θα είμαι πολλή ώρα λιπόθυμη;

Οδυσσέας
Ωχ, η μάνα σου. Τηλέμαχε, πήγαινε μέσα παιδί μου κι άφησέ μας λίγο μόνους...

Τηλέμαχος
Εντάξει μπαμπάκα πάω! ... Να ζητήσω μια χάρη;

Οδυσσέας + Πηνελόπη
Ζήτα!

Τηλέμαχος
Το βράδυ... μπορώ να κοιμηθώ μαζί σας;

Μαρία Κίτρα

Οδυσσέας + Πηνελόπη
ΟΧΙ!!!

Τηλέμαχος
Καλά, θα κοιμηθώ με τ' αρκουδάκι μου....Γονείς σου λέει ο άλλος...

Σκηνή 11η

Η αρχή του τέλους... η το τέλος της αρχής;

Ο Τηλέμαχος φεύγει μουτρωμένος από τη σκηνή. Η Πηνελόπη φτιάχνει τα μαλλιά της κι ο Οδυσσέας πλησιάζει προς το μέρος της... Υπάρχει μια σχετική αμηχανία...

Οδυσσέας
Λοιπόν, τι νέα; Όλα καλά; ...Πάχυνες λίγο ή μου φαίνεται;

Πηνελόπη
Εεεε, ναι, ξέρεις ότι άμα στεναχωριέμαι τρώω... Με τα κιλά μου θα ασχοληθούμε τώρα; Πού ήσουν Οδυσσέα 20 ολόκληρα χρόνια;

Οδυσσέας
Καλά, στο google δε μπαίνεις; Έχω καταπιεί το Αιγαίο και το Ιόνιο πέλαγος για να γυρίσω μέχρι εδώ. Πέρασα τα πάνδεινα όλα αυτά τα χρόνια. Κακουχίες, πείνα, πολέμους, αξυρισιές...

Πηνελόπη
Και περιμένεις να σε πιστέψω; Τέλος πάντων. Δεν θα σε κουράσω πολύ γιατί πρέπει να είσαι πτώμα. Θα σου κάνω λίγες ερωτήσεις... κι αναλόγως τι θα απαντήσεις... τότε θα δούμε αν θα σε πιστέψω.... Μανωλία;... Μανωλία;...

Μπαίνει η «Μανωλία Ευγενίδου» μ' ένα μπλοκ και στυλό, σοβαρή – σοβαρή. Χαιρετάει διά χειραψίας τον Οδυσσέα που

Μαρία Κίτρα
έχει μείνει κόκαλο και φιλάει από μακριά την Πηνελόπη. Κάθεται σταυροπόδι και περιμένει.

Οδυσσέας
Ποια είναι αυτή;

Πηνελόπη + Μανωλία
Η στιγμή της αλήθειας!

Μένουν όλοι κόκαλο. Παγώνει η σκηνή. Βγαίνουν, οι 2 ληστίνες, η αρχιληστίνα που κλαίνε από συγκίνηση κι ο Όμηρος που πατάει αλλού για αλλού

Πίσω στην ... αρχή!

Αρχιληστίνα
Πω – πω, έχω να ρίξω τέτοιο κλάμα από τον Σουλεϊμάν τον μεγαλοπρεπή.

Όμηρος
Ή είμεθα ποιηταί ή δεν είμεθα!

Ληστίνα 1
Και δε μου λες, καλέ Όμηρο, όντως του έκαναν αυτές τις ερωτήσεις;

Ληστίνα 2
Ναι, καλέ ποιηταί, πες μας και θα μας σκάσεις! Τι έγινε; Απάντησε σε όλες;

Όμηρος
Αααα, sorry κιόλας μικρές ξανθές, κοκκινομάλλες και μελαχρινές ληστίνες. Δεν μπορώ να σας πω.

Όλες
Γιατί;

Όμηρος
Τι γιατί; Ήρθε η ώρα να με σκοτώσετε! Μη χάνουμε χρόνο! Έχετε και σχολείο αύριο!

Αρχιληστίνα
Όπα, όπα! Ποιος πανύβλαξ είπε αυτές τις πανυβλακείες;

Ληστίνα 1
Με όλο το σεβασμό αρχιληστίνα, και χωρίς να θέλω να σε δώσω...

Ληστίνα 2
Και χωρίς να θέλει να σε δώσει ... εσύ το είπες!

Αρχιληστίνα
Αααα, δε φταίω εγώ, το σενάριο το έγραφε... Τέλος πάντων! Δεν θα σε σκοτώσω Όμηρο, έτσι κι αλλιώς χούφταλο είσαι. Πόσο θα ζήσεις ακόμη νομίζεις;

Όμηρος
Σωστό κι αυτό! Κι επειδή σας συμπάθησα για την ευστροφία, την καλοσύνη και το θεατρικό σας ταλέντο, θα σας πω πώς τελειώνει η ιστορία...αλλά πρώτα...

Αρχιληστίνα
Αχ μπράβο, μπράβο! Αλλά πρώτα... τι;

Όμηρος
Αλλά πρώτα θέλω να μου φέρετε ένα πούρο Αβάνας...

Αρχιληστίνα
Βεβαίως! Αμέσως! ...
Κορίτσια ποια είναι αυτή η Αβάνα να της ζητήσουμε ένα πούρο;

Ληστίνα 2
Η Αβάνα είναι η πρωτεύουσα της Κούβας αρχιληστίνα

Αρχιληστίνα
Καλά, έμεινα τώρα!

Ληστίνα 2
Η εκδίκηση της ξανθιάς κυρά μου!

Μαρία Κίτρα

Ληστίνα 1
Μισό λεπτό. Έχω ένα επάνω μου.... Λοιπόν Όμηρο, για να μην πάθεις και κάνα έμφραγμα στην ηλικία που είσαι θα μας πεις πώς τελειώνει η ιστορία;

Όμηρος
Λοιπόν κορίτσια, ακούστε. Τον βάλανε λοιπόν κάτω τον άνθρωπο, κι αρχίσανε να τον ρωτάνε αυτό, κι εκείνο, και τ' άλλο, κι ο άνθρωπος να ιδρώνει... ώσπου ... Αχχχχ! Ένας πόνος στην καρδιά....Ένα τσίμπημα στο στήθος.... Ένα μούδιασμα στο αριστερό χέρι...

Αρχιληστίνα
Κορίτσια, φέρτε τους κροκόδειλους. Έχουν να φάνε από το Μάιο...

Όμηρος
Όχι, όχι, δεν είναι ανάγκη. Εξάλλου δε χωράμε όλοι στη σκηνή. Άσε που αισθάνομαι περδίκι. Λοιπόν μεγαλόψυχη αρχιληστίνα και λοιπές. Σας έχω μία έκπληξη. Δεν θα σας πω τι έγινε στο τέλος...γιατί...

Ληστίνα 1
Φέρνω τους κροκόδειλους!!!

Ληστίνα 2
Φέρνω σόδα για τους κροκόδειλους!!!

Όμηρος
Γιατί ... θα το δείτε live!

Αρχιληστίνα
Ε καλά, τώρα μας πέθανες!

Ληστίνα 1
Φέρνω ποπ κορν!

Ληστίνα 2
Κι εγώ σποράκια!

Οι ληστίνες τρέχουν για ποπ κορν και σποράκια κι η Αρχιληστίνα με τον Όμηρο αγκαλιάζονται και παρακολουθούν την

ΚωμΟδύσσεια

τελευταία σκηνή του έργου... Εννοείται βέβαια πως ο Όμηρος κοιτά αλλού γι' αλλού. Οι υπόλοιποι «ζωντανεύουν»...Ο Οδυσσέας σκουπίζει τον ιδρώτα του από την «ανάκριση»...Η Μανωλία έρχεται μπροστά και προλογίζει...

Μανωλία
Καλησπέρα σας. Απόψε έχουμε κοντά μας τον Οδυσσέα της Ιθάκης, ελεύθερο επαγγελματία, ο οποίος επέστρεψε στο παλάτι του μετά από είκοσι χρόνια. Ας γνωρίσουμε και τους υπόλοιπους

Πηνελόπη
Είμαι η Πηνελόπη, σύζυγος του Οδυσσέα

Ευρύκλεια
Είμαι η Ευρύκλεια και θέλω να καταθέσω πως δουλεύω στο παλάτι 30 χρόνια χωρίς ΙΚΑ

Τηλέμαχος
Είμαι ο Τηλέμαχος κι αυτός είναι ο πατερούλης μου

Οδυσσέας
Γιε μου έλα εδώ γρήγορα! Ποια είναι αυτή που βλέπει τη μύτη της συνέχεια;

Τηλέμαχος
Πατερούλη αυτή είναι μια καλή κυρία που κάνει μερικές ερωτήσεις αλλά θέλει να της λένε όλο «ναι».!

Οδυσσέας
Και δηλαδή αν εγώ απαντάω όλο «ναι», όλα θα πάνε καλά;

Τηλέμαχος
Ναι πατερούλη!

Οδυσσέας
Σίγουρα;

Τηλέμαχος
Σίγουρα! Το 'χω δει στην τηλεόραση. Κερδίζεις και λεφτά!

Οδυσσέας
Ο,τι κι αν με ρωτήσει θα λέω ναι;

Μαρία Κίτρα

Τηλέμαχος
Ναι πατερούλη ό,τι κι αν σε ρωτήσει!

Μανωλία
Κι ας ξεκινήσουμε τις ερωτήσεις. Όταν ήσουν μικρός πέταγες το φαγητό της μαμάς σου στα λιοντάρια για να μη το φας;

Οδυσσέας
Ναι!

Μανωλία
Μαζί με το φαγητό είχες πετάξει κατά λάθος και τη γατούλα της μαμάς σου στα λιοντάρια;

Οδυσσέας
Ναι!

Μανωλία
Όταν ήσουν μικρός έκανες κοπάνα απ' το σχολείο για να παίξεις ηλεκτρονικά;

Οδυσσέας
Ναι!

Μανωλία
Όταν ήσουν στην εφηβεία, έβαζες make up για να κρύψεις τα σπυράκια σου;

Οδυσσέας
Ναι!

Μανωλία
Είναι αλήθεια ότι για την κατασκευή του Δούρειου Ίππου πήρες την ιδέα από το Μικρό μου Πόνυ;

Οδυσσέας
Ναι!

Μανωλία
Στη μάχη με τη Σκύλλα και τη Χάρυβδη αληθεύει ότι φοβόσουν πάρα πολύ και χρησιμοποίησες κασκαντέρ;

Κωμοδύσσεια

Οδυσσέας
Ναι!

Μανωλία
Όταν ήσουν στο νησί της Καλυψώς αληθεύει ότι επειδή πήρες δέκα κιλά φορούσες λαστέξ;

Οδυσσέας
Ναι!

Μανωλία
Και τώρα περνάμε στην τελευταία ερώτηση απ' την οποία θα εξαρτηθεί και το τέλος του έργου. Είσαι έτοιμος;

Οδυσσέας
ΟΧΙ!!! Να ξεπιαστώ λιγάκι; Πάω στο μπαλκόνι...

Ακούγεται μπουμπουνητό. Αρχίζει να βρέχει...

Πηνελόπη
Χρυσέ μου όσο θα είσαι στο μπαλκόνι... απλώνεις και τα ρούχα;

Οδυσσέας
Αχ, παλιές καλές εποχές!!! Τηλέμαχε; Έλα λίγο πουλάκι μου.

Τηλέμαχε
Έλα πατερούλη μου

Οδυσσέας
Βρε συ Τηλέμαχε σίγουρα τα πάω καλά; Βλέπω κι έχουν πάθει πλάκα όλοι!

Τηλέμαχε
Ξέρω τι σου λέω πατερούλη. Το 'χω δει στην τηλεόραση. Στην αρχή έτσι κάνουν όλοι και στην τελευταία ερώτηση όλοι χαίρονται κι αγκαλιάζονται και παίρνουν λεφτά κι είναι ευτυχισμένοι!!!

Οδυσσέας
Σίγουρα;

Τηλέμαχος
Σίγουρα!!!

Μαρία Κίτρα

Ο Οδυσσέας έρχεται μέσα με δυσκολία κι ο Τηλέμαχος γυρνάει στη θέση του.

Μανωλία
Και περνάμε στην τελευταία ερώτηση... Οδυσσέα... πιστεύεις πραγματικά... ότι... αλληθωρίζω;

Όλοι του κάνουν νόημα να απαντήσει όχι αλλά εκείνος...

Οδυσσέας
...Ναι!

Μανωλία
Τιιιιιιιιιι;

Ακούγεται μια αντρική βαθιά φωνή από μέσα

«Αυτό που απάντησες είναι... κοτσάνα!...»

Μανωλία
Παραιτούμαι!!!

Η Μανωλία Ευγενίδου συντετριμμένη και κλαίγοντας αποχωρεί σιγά σιγά απ' τη σκηνή χωρίς να χαιρετήσει. Η Πηνελόπη είναι χαρούμενη και τρέχει να αγκαλιάσει τον Οδυσσέα

Πηνελόπη
Αγαπημένε μου, είσαι στα αλήθεια εσύ! Πόσο χαίρομαι που γύρισες. Θα κατεβάσεις και τα σκουπίδια το βράδυ ε; Έχουμε πιο πολλά κι απ τη χωραμερή Λιοσίων.

Οδυσσέας
Και βέβαια πανέμορφη Πηνελόπη

Πηνελόπη
Οδυσσούκο;....

Οδυσσέας
Ποπίτσα;

Πηνελόπη
Μπορώ να σου κάνω μία τελευταία ερώτηση;

Οδυσσέας
Τι λες τώρα; Και βέβαια!

Πηνελόπη
Να σου πω μωρέ,... να, όλα αυτά τα χρόνια που έλειπες, ... Μου ήσουν πιστός;

Οδυσσέας
Καλά, τώρα, θέλεις να θυμώσω; Τι ερώτηση είναι αυτή; Ούτε που κοίταξα ποτέ καμιά άλλη γυναίκα!

Μπαίνει η Ευρύκλεια....

Ευρύκλεια
Αφέντη, είναι κάποιες κυρίες έξω και σε ζητούν...

Οδυσσέας
Αμάν!!!!!

Μπαίνουν μία – μία..

Κίρκη
Οδυσσέα μου, τι κάνεις; Αχ, ήθελα να σε ρωτήσω, σου άρεσε το χοιρινό με το σέλινο που σου είχα φτιάξει;

Οδυσσέας
Ωιμέ!

Ακολουθεί η Καλυψώ

Καλυψώ
Αχ, μου έλειψες μωρέ τζουτζούκο μου. Πότε θα σου φτιάξω εκείνα τα σουτζουκάκια;

Οδυσσέας
Τι έγινε ρε παιδιά;

Σειρά της Ναυσικάς

Ναυσικά
Έλα ρε συ Οδυσσέα, που 'σαι ρε μεγάλε; Έχουμε τουρνουά, θα μπεις τέρμα;

Μαρία Κίτρα

Οδυσσέας
Πλησιάζει το τέλος μου...

Και τελευταία η Αρήτη

Αρήτη
Ρε συ Οδυσσέα, θα έρθεις να μείνουμε μαζί τώρα που σούταρα τον Αλκίνοο;

Οδυσσέας
Μόλις ήρθε...κλαψ!

Έρχεται μπροστά η Πηνελόπη θυμωμένη

Πηνελόπη
Οδυσσέααααα; Ποιες είναι αυτές; Δεν μου ήσουν πιστός όλα αυτά τα χρόνια;

Οδυσσέας
Εεεε; Πώς, μα και βέβαια, δηλαδή, να, ... Τι λες τώρα Πηνελόπη! Εδώ μιλάμε για βράχο ηθικής!

Πηνελόπη
Μου λες αλήθεια πολυμήχανε Οδυσσέα;

Οδυσσέας
Αν σου λέω ψέματα τότε να πέσει κεραυνός να με κάψει!!!

Ακούγεται κεραυνός.... Φωνάζουν όλοι

ΟΛΟΙ
Οδυσσέα;;;

Οδυσσέας
Άλλαξε ο καιρός ε;

ΤΕΛΟΣ!!!

www.ingramcontent.com/pod-product-compliance
Lightning Source LLC
Chambersburg PA
CBHW060210050426
42446CB00013B/3039